教科書に
書かれなかった戦争
PART71

# 対決！安倍改憲

東北アジアの平和・共生と
新型コロナ緊急事態宣言

高田健：著

梨の木舎

# まえがき

「安倍改憲」という奇怪な改憲策動とのたたかいがまる3年を迎えようとしている。

憲法9条は残して、あらたに自衛隊の根拠規定を付け加えるという、自民党の改憲運動の歴史から見ても異様な改憲論だ。しかし、この改憲論は変化球であるだけに打ち返すにはいささか容易ではない。

この間、安倍改憲に反対する全国の市民運動と国会内の野党のたたかいは、国会内での議席数の圧倒的不利な状況にもかかわらず、これを食い止めている。運動に奇跡はないと叱られそうだが、いわば「奇跡的」なたたかいだ。

本書には2017年10月から『週刊金曜日』に隔週で連載している50数回にわたる「STOP！9条改憲」を再録した（安倍改憲が公表されてから5カ月後から書きはじめて、いまも続いている）。それに「北東アジアの平和共存に向けた日韓平和フォーラム」（2019年12月韓国江原道春川市開催）での報告、および巻頭に書きおろしの論文「安倍独裁」を掲載した。

この激動の数年に市民運動の「奇跡的なたたかい」の一隅から、「許すな！憲法改悪・市民連絡会」の仲間たちや「戦争させない・9条壊すな！総がかり行動実行委員会」の皆さんとともに考え、行動してきた記録でもある。全国各地のたくさんの集会などに招かれ、お話ししただけでなく、お隣の韓国の市民運動の皆さんとの交流も深めてきた。その意味で、文字通り走り回りながら書いた市民の憲法運動論だ。

本書の刊行を準備している最中、4月7日、安倍首相は「緊急事態宣言」を発令した。このことは、今後の日本の市民運動をとりまく情勢の重大な転機となるに違いない。

本書が全国各地で奮闘している市民運動の仲間たちのたたかいにいくらかでも役に立つなら、この上なく嬉しい。近い将来、安倍改憲阻止の勝利の盃をこうした市民の皆さんとともにかわすことができることを切に願っている。

2020年4月8日

高田　健

◆目次

## 2章　市民と野党の共闘の再構築

——『週刊金曜日』連載①　２０１７—２０１８年の動き

## 3章　国会内外で続く改憲発議阻止の闘い 

――『週刊金曜日』連載②　2019―2020年の動き――

# 1章　連帯と共同の輪を広げる

# 安倍独裁改憲＝ショック・ドクトリンとの闘い

## ――市民と野党の共闘・一人一人の意思表出のプラカード・3000万人署名運動

第201通常国会が始まって間もなく、安倍晋三政権は権力の腐敗と私物化を象徴する黒川検事長の任期延長問題、桜を見る会前夜祭の問題などなどで、野党の追及に対する首相や閣僚の国会答弁が破綻に陥り、加えて、新型コロナウイルス（COVID‐19）問題への対応の決定的遅れによる国内蔓延を引き起こし、打つ手なし、ほとんど「詰み」の状態に追い込まれた。

安倍首相はこの政権危機を乗り切ろうとして、突如として、2月27日にCOVID‐19の感染拡大防止策として、全国の小中高校などへの一斉休校要請をした。しかし、起死回生を狙ったこの奇策も、全国的に不満と反発を呼び起こしただけでなく、政権内部の矛盾を露呈するなど、窮地に追い込まれた。

やむなく安倍首相は野党に「抱きつく」ことで自らの責任を回避すべく、3月4日、「国家的危機にあっては与党も野党もない。お互いに協力して乗り越えていかなければならない」と野党5党の党首らとの会談を呼びかけた。結果として、首相は野党の分断に成功し、13日、超スピードで「緊急事態宣言」の発令をも可能にする「改正新型インフルエンザ等対策特別措置法」が成立した。

安倍首相はこれによって政治の主導権を取り戻したかにみえるが、政権の危機は解決していない。COVID‐19は引き続き先行きが見えないし、権力の私物化に現れた安倍政権の腐敗の問題は消えていない。政権の看板政策のアベノミクスの象徴的存在の株価は暴落し、東京五輪の開催すら危うくなっている。

## ショック・ドクトリン改憲論

1月末頃から改憲派の面々がCOVID‐19の流行に便乗してショック・ドクトリン改憲論ともいうべき惨事便乗型改憲論を弁じまくった。これは自民党の改憲4項目（巻末資料参照）のうちの緊急事態条項導入改憲論を正当化しようとするものだった。

ところが3月になると、この魂胆がみえみえのショック・ドクトリン改憲論とは異なるさらに新しい緊急事態宣言導入論が、2013年施行の「新型インフルエンザ等対策特別措置法」の改正の動きとして浮上してきた。

この機に乗じて、自民党の「改憲4項目」案のように憲法を変えて緊急事態条項を導入することなしに、特別措置法を改正・制定して首相がCOVID‐19問題でも「緊急事態宣言」を発令することが可能とする動きで、これを改憲への呼び水にしようというものだ。

2012年、旧民主党政権下で成立した「新型インフルエンザ等対策特措法」は「新感染症」にも対応できることになっており、COVID‐19はこれに該当し、改めて法改正という手続きは不要だ。しかし、安倍首相には現行特措法があるにもかかわらず、発動が初動において大きく立ち遅れ、COVID‐19を蔓延させてしまった責任を回避したい願望と、自らが言う「悪夢の民主党時代」に成立した法律をそのまま使いたくないという姑息な思いから特措法改正を強行した。

強行成立した「改正新型インフルエンザ等対策特別措置法」は憲法が認める私権の制限を可能にする「緊急事態宣言」条項を含んでいるが、もともとのインフル対策法自体が、人権侵害条項を含んでいることの危険性は同法成立当時から指摘されてきた。検疫のための病院・宿泊施設等の強制使用、臨時医療施設開設のための土地の強制使用、医療関係者に対する医療の指示、多数の者が使用する施設の使用制限などなど、強制力が定められている。これらの人権制限はその目的達成のために必要最小限にとどめられなければならないことは当然だが、本法においてもその要件はあいまいだ。

まして昨今の安倍政権の下で、適用は官邸独裁の危険が大きすぎる。

## 検察の私物化――黒川弘務検事長の定年延長

2020年2月7日で定年退官する予定だった東京高検の黒川弘務検事長の定年延長が1月31日の閣議で決まった。65歳が定年の検事総長を除き、検察官の定年は63歳。2月8日に63歳となる黒川氏は、検事総長に昇格しない限り、誕生日に定年退官するはずだった。官邸はその直前、「業務遂行上の必要性」を口実に過去に例のない定年延長に踏み切った。国会では野党の追及を受け、森昌子法相の答弁は支離滅裂に陥った。

現検事総長の稲田伸夫氏は今年7月末に、就任して満2年を迎える。この後任に官邸べったりの黒川氏を起用するための措置であることは疑いない。こうすることで、政権中枢に迫る動きを見せている野党のモリカケ疑惑追及や桜を見る会追及をかわす布石を打ったのだ。

いまや安倍政権は自らの不正と腐敗への批判をかわし、延命を図るためには閣議決定で検察を私物化するまでになった。これを「独裁政権」と呼ばずに何と呼べばいいのか。

安倍独裁体制の形成過程で忘れられないのは、「法の番人」と呼ばれてきた内閣法制局長官人事への露骨な介入だ。

２０１３年8月、官邸は突然、法制局勤務経験の全くない小松一郎氏（前駐仏大使）を内閣法制局長官に任命した。前例のない異例の人事だった。小松氏は集団的自衛権行使を容認する立場が持論で、安倍首相が狙っていた集団的自衛権の行使に関する歴代政権の憲法解釈を変えるためには好都合な人物だった。この人事によって、集団的自衛権に関する内閣法制局の立場は大きく傾き、２０１５年の安保法制（戦争法）強行成立の布石となった。のちに小松氏は病気で横畠裕介氏に代わるが、すでに法制局は牙を抜かれた従順な犬だった。２０１４年7月1日に安倍内閣は集団的自衛権の行使が可能との閣議決定をした。

## ２０１４年「国家公務員法等の一部を改正する法律」による官邸の官僚支配

内閣人事局による霞が関の官僚支配の問題も大きい。霞ヶ関の官僚人事を政治主導にするという名目で、２０１４年の通常国会で成立した「国家公務員法等の一部を改正する法律」が成立した。これによって、国家公務員の幹部職員人事を官邸が一元管理する内閣人事局の体制が作られ、官僚は官邸の意向を常に「忖度」して仕事をする傾向が濃厚になった。

公共放送と言われてきたＮＨＫの人事への介入と官邸によるメディア支配の問題もある。

安倍首相が政権に返り咲き、第2次安倍政権が発足してから1年もたたない2013年10月にNHK経営委員の人事が行われ、安倍首相の家庭教師だったJT顧問の本田勝彦、作家の百田尚樹、埼玉大学名誉教授の長谷川三千子、海陽中等教育学校校長の中島尚正らの各氏が新任され、JR九州会長の石原進氏が再任された。驚くべき安倍的な超右翼偏重人事だった。そしてこの委員会が2014年1月、籾井勝人氏をNHK会長に選んだ。籾井氏は就任会見の場で、記者の質問に答える際、従軍慰安婦は「どこの国にもあった」と発言、「国際放送については政府が右というものを左というわけにはいかない」と驚くべき発言をした。以降、籾井氏はNHK機構の改造をすすめ、NHKの政治ニュースは政府の広報機関と化した。

安倍政権による権力掌握の手口は日銀総裁の交代や、最高裁長官人事などでもこれらと共通する。

2013年、安倍首相らの大規模金融緩和政策に消極的だった白川方明日銀総裁を退任させ、アベノミクスのお先棒を担ぐ黒田東彦アジア開発銀行総裁を据えた。「黒田バズーカ」といわれて、「異次元の金融緩和」「マイナス金利政策」を強行してアベノミクスを支え続けた黒田氏は、2018年の任期切れに際しても再任され、安倍首相と二人三脚の金融財政政策を続けてきた。しかし、今日、アベノミクスは破綻し、日本経済は深刻な行き詰まりに直面している。

2019年10月の岡村和美氏の最高裁判事就任で、全ての最高裁判事は安倍内閣の任命によるものとなった。

安倍首相はメディア幹部との会食も異常に熱心に行った。

安倍晋三首相は第2次安倍政権発足以来、ひんぱんに新聞・テレビの論説委員クラスや政治評論家メディアの幹部と積極的に社長懇などの名目で会食やゴルフを行い、これを常態化、慣例化して懐柔の手段としてきた。

「桜を見る会」は公選法違反や政治資金規正法違反の買収疑惑だが、首相と財界やメディアの癒着は権力によるメディアの私物化につながるものであり、政治道徳上、容認できない手法だ。またこれを容認して追従するメディアもジャーナリズム精神を失った、腐敗極まるものだ。メディア各社の中では安倍政権に追従する勢力が幅を利かせるようになった。

## 小選挙区制が作った安倍1強体制

安倍独裁政権に関するより根本的な問題をいえば、小選挙区制という選挙制度が自民党と、国会での安倍派に異常な権力を持たせていることだ。

自民党が野党の立場にあった2012年9月の自民党総裁選は石破茂、安倍晋三、石原伸晃、町村信孝、林芳正の5名が立候補した。どの候補も改憲を推進する立場で、次期首相を狙った「権力闘争」だった。

結果は大方の予想を覆し、安倍晋三元首相が決選投票の末、総裁に返り咲いた。総裁選では当初、石原伸晃幹事長と石破茂元防衛相の争いでダークホース的存在だった安倍氏が麻生太郎元首相や菅義偉元総務相の支持で2位となり、決選投票で石破に批判的な他候補の支持を引き付けて石破氏を破った。自民党は年末の衆院選で圧勝して政権を奪還し、安倍長期政権の出発となった。

この僥倖ともいえる安倍再選が、その不安定性を補強して安倍1強体制を構築し、長期政権に至った最大の要因は小選挙区制だった。

小選挙区制の下での自民党総裁は絶大な権力を握っている。1選挙区1人の当選者という小選挙区制のもとでは、1政党から1人の候補しか出馬できない。選挙に出馬するためには党の「公認」が不可欠となる。自民党の場合、公認権は総裁が握っており、党の人事や政治資金など絶大な権限をすべて掌握している。安倍氏はこうした体制を駆使して、総主流派体制を作り上げた。かつての中選挙区では同一選挙区から複数が当選できるので、総裁は独裁的な権限を行使できない。

第2次安倍内閣の成立に伴い、一時的にライバルの石破茂氏を自民党幹事長に据えたが、やがて石破氏は執行部から離脱した。いまや自民党の中には「抵抗勢力」の見せしめとして扱われてきた石破茂元幹事長以外に、安倍に異論を立てる者はほとんどいない。

2016年の臨時国会における所信表明演説で「自衛隊員に敬意を示そうではないか」と呼びかけ、自民党の議員たちが総立ちし、約20秒間も拍手を行うというおぞましい場面があった。独裁国家さながらの場面だった。

こうした中で、安倍氏は自民党の規約を変えて、総裁3選を手に入れ、長期政権を実現した（いまや、党内の古手の幹部からは安倍4選論まで漏れ聞こえてくる始末だ）。

## 安倍長期政権は壮大な空洞

19世紀のイギリスのジョン・アクトンは「権力は腐敗する、絶対的権力は絶対に腐敗する」と述べた。

第一次政権も含めて、安倍晋三政権はその政治的公約をまともに果たせたものがない。

大言壮語してきたアベノミクス、地球儀を俯瞰する外交、靖国参拝、拉致問題の解決、北方領土返還、日米貿易交渉等々、いずれもうまくいかなかった。この8年来、安倍首相がレガシーと誇れる実績は何もない。安倍政権は壮大な空洞だ。

このところ、極右「日本会議」をはじめ、櫻井よしこ氏、百田尚樹氏、拉致家族会、産経新聞など右派勢力、安倍の支持勢力はいらだっている。安倍政権支持勢力の岩盤になっている右派勢力にたいして、安倍首相ができるのは改憲のリップサービスだ。最近の安倍首相の改憲発言には尋常ではない焦りといら立ちが見える。

2017年の安倍改憲案の提案時には2020年までの改憲を唱えていたが、安倍首相は2019年の参院選以降は繰り返し自らの「任期中（2021年）の改憲実現」に言及している。1月6日の「年頭記者会見」では「憲法改正を私自身の手で成し遂げていくという考えには全く揺らぎはない」と述べた。

安倍首相は祖父である岸信介元首相が夢見た改憲を自らの手で実現する野心に燃えている。「戦後レジームからの脱却」「美しい国」「世界の真ん中で輝く日本」を唱え、右翼ナショナリズムを煽り立て、日本国憲法を敵視し、とりわけその第9条を破壊して、日本を日米安保体制の下で「戦争のできる国」「戦争をする国」に変えることは安倍首相の願望だ。

安倍首相ら改憲派はこの実現のために、①明文改憲を実現することと、②実質的に9条を破壊し、社会の軍事化を進めることの両面での動きを強化してきた。2018年の新防衛大綱の策定や、秘密保護法・共謀罪の策定などは②の具体化であり、復古主義的ともいえる自民党憲法改正草案から、9条に自衛隊の根拠規定を付加するなど、改憲4項目の実現への動きは①に関連することだ。

安倍首相自身が描いている改憲スケジュールは「任期中」という期限があるために極めてタイトなものだ。

改憲論議の前提になっているのが改憲手続法の修正問題だ。すでに5国会にわたって継続審議になっている改憲手続法（国民投票法）の自民党改定案は、投票の利便性をはかるために先般実行された公選法改正に並べて同法を改定するというもので、野党各党や日本弁護士連合会などが要求する同法の問題点の抜本的改定とはほど遠い。自民党はこの改定をできるだけ早期に成立させ、第9条に「自衛隊」を明記するなどの4項目改憲案を憲法審査会に「提示」し、改憲論議を始めたいと考えている。

そして2021年の通常国会までに改憲原案をまとめ、国会で両議院の総議員の3分の2以上の賛成で採決し、改憲の発議をして、国民投票を実施するというシナリオを描いている。

## 追い詰められた「任期中の改憲」

1月7日の「自民党仕事始め」では憲法改正については「私たちに課せられた大きな責任だ。大きな歩みを進めていこう。それが自民党の歴史的使命でもある」と改めて強調した。

安倍首相は55年体制成立以来の自民党の歴史に思いを馳せ、改憲は歴史的使命だと自らを鼓舞して「自らの『手で』改憲をする」と言明する。それは安倍総裁の任期である2021年9月までに改憲を実現するということだ。このことが、今後の政治情勢を考えると、スケジュール的にもいかに困難であるかは安倍首相自身が知るところだ。

2020年3月開催予定の自民党大会は延期され、17日の両院議員総会に代わったが、その「運動方針案」は「令和の御代を迎え、新たな時代が幕を開けた」という時代錯誤の「前文」に始まり、本文最初の一章が「新たな時代にふさわしい憲法へ」で始まる。改憲問題をトップに持ってきたこの構成は自民党大会の歴史でも異例なことだ。そして「(改憲)原案の国会発議に向けた環境を整える」と強調、女性や若い世代、地域・草の根での運動展開を全力で進める決意を示した。

しかし、安倍改憲はNO!という世論の壁が安倍改憲に立ちふさがっている。

一時期、安倍政権支持が高かった各種の世論調査でも、政権支持率と不支持率が拮抗するか逆転している。

先の改憲スケジュールとの関連で考えると、安倍改憲は2020年の1年間の世論の動向が決定的な影響を及ぼすことは明らかだ。長期政権の安倍内閣の下で、この弊害は政治の世界に蔓延している。安倍政権による政治の私物化、権力の私物化、腐敗はもはや目に余る。人々の政治への不信は日に日に増大し、「政府の危機」が進んでいる。

安倍晋三首相が本当に「任期中の改憲」をめざすなら、それはほとんど安倍4選のための党規約改定以外にあり得ないところまで来ているのではないか。

## 市民と野党の共闘で政治を変えよう

2014年以来の集団的自衛権に関する政府見解の憲法解釈の変更に端を発し、戦争法反対の闘いの過程で、我が国の市民運動には大きな変化が現れた。それは主権者としての市民が政府の政策に反対する意思表示の仕方だ。この間、12万を超える市民が国会周辺を取り囲み、全国で数十万の市民が繰り返し、繰り返し行動した。集会や署名運動やデモが無数に繰り広げられた。この中で目立ったことのひとつに、ひとりひとりの市民が全国各地で、自分で意思表示のプラカードを作り、それをもって街頭に立つ姿がある。

２０１５年の戦争法強行採決以来、各地で「戦争法の廃止を求める全国統一署名」が呼びかけられ、草の根の壮大な署名運動がおこった。この署名は２０１６年10月で１５８０万筆集められた。つづいて、２０１７年８月、憲法改悪への危機感を持った19人の「呼びかけ人」の「呼びかけ」に応える形で、「安倍９条改憲ＮＯ！全国市民アクション」が立ち上げられ、「安倍９条改憲ＮＯ！憲法を生かす全国統一署名」（略称３０００万署名）が開始され、すでに2年余りの間に約１０００万筆の署名があつめられた。これらの署名は参加した労働組合などの運動の中で展開されただけでなく、全国の草の根の地域で、天候の良しあしにかかわらず、多くの市民たちが街頭で、地域の戸別訪問などで人々と対話をする運動として、熱心に行動が展開され、世論を形成してきた。この草の根の市民の行動こそが、憲法改悪反対、安倍９条改憲反対の大きな世論をつくり出し、地域での党派を超えた共同闘争を発展させ、国会内で奮闘する野党を励まし、安倍改憲を追い詰めてきた。

これらの署名運動は２０１７年の衆院選、２０１９年の参院選に大きな影響をあたえ、改憲反対勢力の前進に貢献した。

２０２０年、いま、安倍改憲のスケジュールにとって情勢は決定的な山場を迎えた。従来の署名運動に代わって新しく開始された「安倍改憲発議に反対する緊急全国統一署名」運動が始まった。目下提起されている「改憲発議反対」の全国緊急署名のとりくみは、すでに全国各地で「スタート集会」などが企画され、自発的に目標を設定するなどしながら運動が始まった。

安倍首相がねらう国会での改憲論議がうまく進まなければ、残された手段は衆議院解散、総選挙だ。改憲派の3分の2を回復しようとしても、2021年9月までは参院選はない。解散は時期的に考えれば2020パラ五輪の後や、2021年年頭など諸説あるが、安倍改憲の成否は、そこで自民党、あるいは改憲派が大勝できるかどうかにかかっている。先の参院選で、憲法96条が規定する3分の2を割った改憲派が、改憲可能な3分の2を両院で回復するには、いま安倍改憲反対を主張している国民民主党などを大きく分裂させ、改憲派に取り込む以外にない。そのためには衆議院で改憲派が3分の2を大きく上回る議席を確保できるかどうか。改憲派にとっては3分の2をぎりぎり上回る程度では参議院の改憲反対派を大きく分裂させることはできないし、発議は困難で、もし可能になったとしても国民投票の勝利は確約できない。

## 小選挙区でのリスペクトと共闘

この結果は、とりわけ289の衆院小選挙区での野党の結束した闘いいかんにかかっている。野党が人々にとって魅力ある共通政策を勝ち取り、統一候補を立てて、自公改憲勢力の候補を打ち破ることができるかどうかだ。

衆議院静岡4区の補欠選挙（4月14日告示、26日投開票）に関して、安倍政権に反対する野党と市民の共同で重要な前進があった。

これは自民党の望月義夫・元環境相の死去にともなう補選で、告示まで約1カ月に迫った3月17

日、野党各党が、昨年の参院選の際の野党と市民連合の13項目の政策合意をベースにした14項目の「政策確認文書・誰もが自分らしく暮らせる明日へ」に合意して候補者を一本化した。確認文書では静岡の「浜岡原発再稼働を認めないこと」などが盛り込まれ、立憲民主党、国民民主党、日本共産党、社会民主党、衆院会派「社会保障を立て直す国民会議」の5野党・会派の幹事長・書記局長と安保法制の廃止と立憲主義の回復を求める市民連合、および市民連合しずおかの代表が調印した。

この動きが来る総選挙に向けての野党と市民の共同の流れを促進する役割を果たすことを期待している。

野党共同の動きと関連して「れいわ新選組」の各地での候補者擁立と野党統一の足並の乱れが注目されている。この問題の解決は、「安倍政権を打ち倒す」という緊急の課題で各野党が協力することであり、そのうえで政策上の共通を見つけ出すことであり、この点でお互いがリスペクトしあって、共闘することだ。間違っても、1党1派の議席増を優先させるセクト主義的な党利党略優先の路線は許されない。2015年安保闘争と2016年以来の野党と市民の共同の経験と教訓はここにある。野党乱立のかつての道を歩んではならない。

先の改憲スケジュールとの関連で考えると、安倍改憲は2020年、この1年の世論の動向が決定的な影響を及ぼすことは明らかだ。長期政権の安倍内閣の下で、この弊害は政治の世界に蔓延している。

改憲を阻止して安倍政権を倒すか、安倍政権を倒して改憲を阻止するか。

情勢の大変化を示す潮目が見えてきた。

2019年12月5〜7日
「北東アジアの平和共存に向けた日韓平和フォーラム」（韓国・江原道春川市）での報告

# 日韓市民の連帯運動の前進のために
## ——安倍政権と日本の市民運動

### 1 はじめに「戦争させない・9条壊すな！ 総がかり行動実行委員会」とは

報告に入る前に、私の属している「戦争させない・9条壊すな！総がかり行動実行委員会」について、説明したい。

この実行委員会は2014年12月に結成された。結成当時の構成団体は、戦争をさせない1000人委員会、戦争する国づくりストップ！憲法を守り・いかす共同センター、憲法9条を壊すな！実行委員会の3団体によってつくられた。この3団体はそれぞれ平和運動、改憲反対運動の全国組織であり、全国のさまざまな草の根の平和運動の大多数はこれらのいずれかとの連携をもっているといってよい。

これらの日本の平和運動は様々な理由で50年以上にわたり分岐・対立してきた歴史を持つ（日本では、「60年安保闘争」が戦後の労働運動、民衆運動の最大の統一行動として、今日でも語られる。韓国では1960年4・19革命によって李承晩政権を倒した）。

この3団体が、対立に終止符を打ち、共同して、すでに5年あまり活動を継続していることは画期的なことだ。労働組合運動の分裂はまだ継続しているが、各ナショナルセンター下の諸組織がこの総がかり行動実行委員会に参加し、共同して、重要な役割を果たしている。この共同が生み出された直接の要因は、安倍政権の下で急速に進む憲法9条をはじめとする改憲の動きと、日本の歴代政府が日本国憲法第9条との関係で不可能としてきた集団的自衛権行使の合憲化などによる「戦争する国」への変化への危機感の共有だ。その意味で「安倍内閣が総がかり行動実行委員会を生み出した」ともいえる。

この総がかり行動実行委員会は、その後、2015年9月の戦争法反対闘争の敗北を経て、国政選挙を闘う市民の共同組織、「安保法制の廃止と立憲主義の回復を求める市民連合」（略称・市民連合）の結成の土台のひとつとなり、国政選挙などで市民と立憲野党の共同を促進し、安倍自公連立政権とたたかってきた。

現在、総がかり行動実行委員会は、4つの課題を運動の柱に置いている。それは、

①憲法改悪阻止、戦争法反対、
②沖縄辺野古の新基地建設反対、
③東北アジアの非核・平和の実現、
④貧困・格差反対、だ。

今日では、当面する自衛隊の中東派兵反対などの課題を含め、反改憲、反戦・平和関連の市民運動の全国的なセンターの役割を果たしつつある。

総がかり行動実行委員会の運動の規模を類推するために、以下の行動を紹介する。

この2年間で「安倍9条改憲に反対する全国統一署名」は約1000万筆集めた。2015年8月には国会正門前12万人、全国数十万人の戦争法に反対するデモを組織した。今年2019年5月3日の憲法集会は東京で6万5千人が参加した。現在では「戦争法」が強行採決された9月19日を忘れないために、毎月19日に、数千〜万余の国会周辺での行動を組織している。

しかし、発足以来5年を経て、運動の広がりが固定化していること、最重要課題の安倍政権打倒が実現していないことなどから、ここにとどまるのではなく運動の飛躍が求められている。「総がかり行動を超える総がかり行動」の構築が必要になっている。そのためにも、従来のたたかいの課題だけに止まらず、日本社会の深刻な「格差・貧困」問題を打開していくような課題での運動が求められている。しかしまだ成功していない。

今回のシンポジウムに関連していえば、この総がかり行動実行委員会という「東北アジアの非核平和に関する諸課題」、朝鮮半島と日本の非核・平和の実現を自らの重要課題として取り組む共同行動組織ができたことは、日本における運動を大きく発展させつつある重要な条件だといえる。

## 2　安倍政権がめざす「改憲」と「戦争する国」と東北アジア

安倍晋三政権の〈2006〜2007年（第1次）、2012年（第2次）〜現在に至る〉最大の政治目標は日本の「戦後レジーム」（第9条をはじめとする日本国憲法体制）からの脱却であり、日米安保体制の下での「戦争のできる国」づくり→「戦争する国」づくりにある（日本の「戦後レジーム」の法体系は①日本国憲法体系と、②サンフランシスコ講和条約以降の日米安保条約体系の2つで把握できるが、安倍晋三首相の「戦後レジーム」批判は②の安保体制は全くスルーして、①の憲法体制打破のみ唱えられるというご都合主義的なものだ）。

## 3 安倍政権の両面作戦――明文改憲と実質的改憲状況づくり

安倍政権は明文改憲の作業を進めながら、並行して実質的な改憲状況づくり（日米同盟の世界化、軍事力の強化、社会の軍事化）を推進するという両面作戦をすすめている。1960年に改定された日米安保条約は「極東」をその適用範囲とした。それはフィリピン以北、台湾、韓国、日本列島周辺だった。今日では、安倍政権は日米軍事同盟を前提にして、沖縄・南西諸島から、南シナ海、西太平洋からインド洋にいたる広大な地域で、中国・朝鮮を仮想敵視しながら、その包囲戦略を推進している。まさに地球規模で軍事行動のできる日米同盟化だ。安倍政権からみれば、中国・朝鮮の動きに加担するように映る韓国の文在寅政権も容認しがたいもので、このところ韓国とも対立・矛盾を激化させている。韓国との関係は、いま1965年の日韓条約以来、最悪の関係に陥っているといわれている。

朝鮮の核・ミサイル実験に対しては、その都度、一大キャンペーンを行い、Jアラート（全国瞬時警報システム）を発動して防災演習を実行するなど、戦争の危機を煽り、それらを口実にしてイージスアショア（陸上弾道ミサイル防衛システム）の配備を計画するなど、軍備の強化を進めてきた。安倍首相らの自民党は2017年の総選挙ではこれらを「国難」とまで呼んで、キャンペーンを張り、支持を得ようとした。

日韓平和フォーラムでスピーチする糸数慶子前参議院議員（2019年12月6日、於春川市）

東アジアの危機を煽ることで、すでに安倍政権は戦後歴代政権がとってきた「専守防衛」戦略を事実上放棄して、ＳＴＯＶＬ戦闘機（短距離離陸＆垂直着陸機）を搭載する護衛艦「いずも」「かが」などの航空母艦化を成し遂げようとしており、世界各地で戦える戦略的軍備を保有しようとしている。２０１８年末、策定された「防衛大綱」によって、日本の自衛隊の攻撃軍化、外征軍化への変質が進められようとしている。韓国、朝鮮、中国に対する民族排外主義的キャンペーンがこれに利用され、安倍政権支持の世論作りに利用されている。

安倍政権が進めようとしている「憲法改正」はこれらの「戦争する国」の合憲化だ。安倍政権は明文改憲のために、国会で改憲発議を可能にする両院の総議員の３分の２以上を確保することと、国民投票で過半数を得るための改憲世論の醸成に力を注いでいる。１９５５年の立党以来、改憲を目指してきた政権政党の自民党は、長期にわたってその条件がえられず改憲の発議ができなかったが、ようやくこの数年、他の改憲同調政党を含め、両院の３分の２の議席を得た。にもかかわらず、２０１９年７月の参院選で再び総議員数の３分の２を割ってしまった。

安倍政権がめざしてきた明文改憲の動きは市民の運動と世論の壁により、必ずしもうまく進んでいない。

２０１２年４月に自民党は天皇の元首化、自衛隊の国防軍化、緊急事態条項の導入などの極めて復古主義的な「憲法改正草案」を発表したが、当時も世論の支持が少なく、行き詰っていた。２０１７年には安倍首相が独断で、９条擁護の声に妥協する形をとり、現行９条をそのままにして「自衛隊の存在の根拠規定」だけを付け加える改憲案（安倍9条改憲案）を出した。のちに、これに「教育の充実」「緊急事態条項」「参院選の合区解消」などを付け加えて、4項目の自民党改憲案（たたき台）にまとめて、現在に至っている。

任期中（安倍首相の自民党総裁の任期は2021年9月まで）の改憲を目指す安倍首相は、参院で3分の2を割ったため、最低でも野党の一部を取り込んで、改憲発議可能な議席を確保しようとして野党第1党（立憲民主党）、野党第2党（国民民主党）への働きかけを強める構えだ。国会の憲法審査会は与野党のたたかいの場となり、市民運動はここでの野党のたたかいを後押ししている。同時に、安倍政権は次期衆院選で圧勝することで、世論において、改憲の空気を拡大し、改憲を実現しようとしている。天皇の代替わりキャンペーンや2020東京五輪がそれに利用されている。

野党の側がこの安倍の策略に対抗できるかどうかが安倍改憲の行方を左右する。そのためにも日常的な市民と野党の連携の強化と、次期衆議院選挙に向けた野党と市民の共同の促進が必要だ。衆議院総選挙は総定数465のうち、1人しか当選しない「小選挙区」が289議席あり、後はブロックごとの比例代表選挙だ。この1人区で与野党の一騎打ち構図を作り、有権者に選択を迫ることができるかどうかがカギになる。ちなみに、野党がすべて1本化できなかった2017年総選挙では与党＋その衛星政党が2900万票、立憲野党が2610万票。2019年参院選では、与党の自公が2424万票、立憲野党が1919万票で、両陣営のあいだに超えがたいほどの大きな差はない。野党が候補の1本化に成功すれば、かなりの程度、互角にたたかえる可能性があり、野党は政権交代を視野に入れている。2019年に入って、岩手と埼玉の県知事選挙で野党連合が勝利し、異例の共産党員を候補に立てた高知県知事選では敗北したものの、接戦を演じている。野党共闘は進んでいる。

しかし、勝利するには野党が候補を1本化するだけでは不十分だ。衆院選に向けては、多くの有権者が必要とする野党の政策の策定が必要で、とくに衆議院選挙は政権選択選挙であり、新しい希望に満ちた政治を実現するための政権構想も必要になる。「政治を変える、政治が変わる」という希望のあるたたかいができるかどうかだ。

２０１９年の参院選の投票率（選挙区選）48・８％は、衆院選を含め全国規模の国政選挙として24年ぶりに50％を割り、過去2番目の低投票率となった。この主たる原因は安倍長期政権に有権者が飽いた空気を抱いていることと、安倍政権に対抗する野党の側に有権者を揺さぶり起こす魅力がないことだ。実際、民主党が単独過半数（２４１議席）を大幅に上回る３０８議席を獲得し、政権交代を確実にした２００９年８月の小選挙区の投票率は69％程度もあった。当時は多くの人々が政権交代に期待したことによって、投票率も上昇した。

安倍政権にとって朝鮮半島の非核平和プロセスが進むことは本音では歓迎できないことだ。安倍首相がめざす改憲体制と世界戦略からは、朝鮮半島の軍事的・政治的緊張状態が必要だ。しかし、米国トランプ政権が進める政策に反対はできず、しかたなしに後ろからついていくが、積極的に進める立場にはない。一時はあれほど騒ぎ立てた朝鮮のミサイル実験に対応するＪアラートも、最近では朝鮮によるミサイルの実験が行われても、全く発動されなくなった。

朝鮮との関係では安倍首相は２００２年の日朝平壌宣言を誠実に進めるのではなく、日朝国交の障害となる「拉致問題３原則」（①拉致問題は日本の最重要課題、②拉致問題の解決なくして国交正常化なし、③拉致被害者は全員生きており、全員を生還させることが拉致問題の解決だ）を主張し、朝鮮敵視の偏向したナショナリズムを煽り、「対話ではなく圧力だ」と主張し、それを政権への支持拡大に利用することで、事実上、日朝国交正常化の道を閉ざしてきた。それが行きづまって、いま安倍首相が「対北無条件対話」を言っても、この間の経済制裁や日本国内での朝鮮高校生・幼稚園児への差別をはじめ在日朝鮮人への不当な差別などが維持されたままでの対話が進展するはずもない。

## 4　日本での日韓連帯の市民運動の現状

すでに述べたように韓国と日本の政府関係は安倍政権の下で、60年代以降でも最悪の関係になっている。

日本経済新聞社の２０１９年８月30日～９月１日の世論調査によると、日本政府の韓国への対応を支持する人が７割にのぼった。韓国向けの半導体材料の輸出管理を強化したことは「支持」が67％で「支持しない」が19％だった。韓国との関係について「日本が譲歩するぐらいなら改善を急ぐ必要はない」と答えた人も67％に上った。

９月14、15日に朝日新聞社が実施した全国世論調査で、韓国への好悪を聞くと、韓国を「好き」は13％、「嫌い」が29％、「どちらでもない」が56％だった。18～29歳は「好き」が23％で、「嫌い」より多い。「嫌い」は、高い年齢層に多い傾向がみられ、70歳以上では41％が「嫌い」と答えた。

安倍政権によるナショナリズムを利用した嫌韓キャンペーンは功を奏している。

しかし安倍政権とマスコミの嫌韓煽りのなかでも、比較的若年層は韓国に好感を持っている。東京のコリアンタウンとよばれる新大久保界隈は毎日、韓国の音楽や化粧品、食べ物を買い求める若者でごった返している。

２０１９年７月22日、日本の各界の77人が「韓国は『敵』なのか」（巻末資料）という声明を出し、オンラインで８月15日までに賛同者が８４０４名に達した市民の声明運動があった。この77人の呼びかけ人の中には筆者も参加している。（のちに触れるが、この呼びかけに呼応して、10月10日、韓国の各界の人々１０５名が「安倍政権の対朝鮮半島政策を批判し、転換を求める声明」を発表した。）

この日本側の声明は以下のように指摘した。

「いま、ここで（日韓関係の）悪循環を止め、深く息を吸って頭を冷やし、冷静な心を取り戻さなければなりません。本来、対立や紛争には、双方に問題があることが多いものです。今回も、日韓政府の双方に問題があると、私たちは思います。しかし、私たちは、日本の市民ですから、まずは、私たちに責任のある日本政府の問題を指摘したいと思います。韓国政府の問題は、韓国の市民たちが批判することでしょう。双方の自己批判の間に、対話の空間が生まれます。その対話の中にこそ、この地域の平和と繁栄を生み出す可能性があります」。

2019年12月5日、韓国と日本の市民代表による連帯のハグのパフォーマンス

「私たちは、7月初め、日本政府が表明した、韓国に対する輸出規制に反対し、即時撤回を求めるものです。半導体製造が韓国経済にとってもつ重要な意義を思えば、この措置が韓国経済に致命的な打撃をあたえかねない、敵対的な行為であることは明らかです。

日本政府の措置が出された当初は、昨年の『徴用工』判決とその後の韓国政府の対応に対する報復であると受けとめられましたが、自由貿易の原則に反するとの批判が高まると、日本政府は安全保障上の信頼性が失われたためにとられた措置であると説明しはじめました」。

「思い出されるのは、安倍晋三総理が、本年初めの国会での施政方針演説で、中国、ロシアとの関係改善について述べ、北朝鮮についてさえ『相互不信の殻を破り』、『私自身が金正恩委員長と直接向き合い』、『あらゆるチャンスを逃すことなく』、交渉をしたいと述べた一方で、日韓関係については一言もふれなかったことです。まるで韓国を『相手にせず』という姿勢を誇示したようにみえました。そして、6月末の大阪でのG20の会議のさいには、出席した各国首脳と個別にも会談したのに、韓国の文在寅大統領だけは完全に無視し、立ち話さえもしなかったのです。その上でのこのたびの措置なのです。

これでは、まるで韓国を『敵』のように扱う措置になっていますが、とんでもない誤りです。韓国は、自由と民主主義を基調とし、東アジアの平和と繁栄をともに築いていく大切な隣人です」とのべている。

この声明の細部にわたる問題点の検討はさておき、これが広範な各界の人びとの賛同をえて、広がったことは、安倍政権が作り出した今日の日韓関係をめぐる情勢の中で、大変重要なことだ。多くの良識ある市民が、安倍政権の対韓国政策に危機感を持っているということだ。

しかし、政府やマスコミが嫌朝、嫌韓を煽る中で、日本社会の中での日朝・日韓市民の連帯を目指す運動の力は、この情勢に影響を与えるほどには大きくない。国会の野党の議論の中ではより、きびしいものがある。私たちが「立憲野党」と呼んでいる党派の中でも、安倍政権の対韓政策に毅然として対抗する政党や国会議員は多くない。先の世論調査はそうしたことの一端を示している。

しかし、総がかり行動実行委員会などのこの数年来の運動が果たしている役割は今後のこの分野の運動の前進を作るうえで、重要だと思う。「市民連合」は先の参院選の13項目の政策合意の中で、「東アジアにおける平和の創出と非核化の推進のために努力し、日朝平壌宣言に基づき北朝鮮との国交正常化、拉致問題解決、核・ミサイル開発阻止に向けた対話を再開すること」を挙げた。国会の野党各党はせめてこの政策合意程度の立場と認識を前提にしなくてはならない（この参院選の時点ではまだ、政府の対韓政策を問う課題は焦眉の課題ではなかった）。国会外の運動の側がもっと野党に働きかけを強める必要がある。こうした努力は安倍政権の朝鮮・韓国敵視政策の下で、重要だと考えている。

「総がかり行動実行委員会」などの運動の中で、毎年大集会として行われる「5・3憲法集会」や、「11・3憲法集会」、その他さまざまな行動にしばしば韓国の市民運動の代表が招かれるようになったり、集会や行動の中で、韓国のキャンドル革命のキャンドルが掲げられたり、韓国の運動の中で歌われる歌曲が、たとえば「真実は沈まない」などが日本の市民の行動の中で歌われる場面も多くなっているなど、日常的な日韓の市民運動の連帯が形成されるようになってきた。総がかり行動は2019年11月3日に全国統一行動として、「安倍改憲発議阻止！辺野古新基地建設やめろ！東北アジアに平和と友好！11・3憲法集会in国会正門前」行動を1万人の結集（大阪は1万2千人）で成功させ、この場に韓国の市民運動各界から代表が参加し、2人の韓国の代表から連帯の挨拶を受けた。

## 5　今後の日韓市民の連帯運動の課題

朝鮮半島と日本に非核・平和を実現し、東北アジアの平和と共生を実現する方向での日韓関係を転換するためには、残念ながら安倍政権の下では不可能と言わざるをえない。安倍政権にその要求を突きつけながら、市民の運動を通じて、安倍政権を打倒し、日本の政権を交代する以外にない。

それは第一義的に日本の市民の責任であり、それにかかっているが、この日本の市民の運動は朝鮮半島の市民を始めとした東アジアの市民との連帯の中ですすめられなければならない。そのため日本の市民運動は、日本が明治初年以来、先の敗戦に至るまで、東アジアの諸民族、国々を侵略し、植民地化してきた歴史を厳しく見つめ、その歴史認識を前提にした立場に立って連帯運動を進めることが重要だ。

私たちは韓国の市民が8・15の光化門前の行動のスローガンで「NO！ABE」を掲げたことに賛同し、感謝する。安倍政権の誤った対韓政策に反対し、日韓両国の市民は共通の敵、安倍政権とたたかわなくてはならない。とりわけ、当面、日韓の両国政府がさまざまに対立を深めているもとでは、日韓の市民の連帯、民衆連帯が新しい歴史を作る原動力になることを確認したい。そのために、日韓の市民は様々な機会を作り、できるだけひんぱんに相互の意見を交流し、連帯し、支持しあうことが重要だ。

日韓市民の連帯は、正しい歴史認識を前提にして、安倍政権の「戦争する国」づくりに利用する朝鮮半島政策に反対し、連帯して行動しなければならない。

## 6 その他、もろもろのこと

これはいわずもがなの意見かもしれないが、前項で2019年10月10日、韓国の各界の人々105名が「安倍政権の対朝鮮半島政策を批判し、転換を求める声明」を紹介したので、あえて触れておきたい。

この韓国の各界のみなさんの「声明」の基調には大いに賛成し、感謝する。そのうえで「声明」に違和感を持つ点に関して、1点、触れておきたい。

声明にある昭仁天皇と徳仁天皇への評価の問題だ。

声明は先の昭仁天皇の「安倍首相が改憲と戦争への道を歩んでいるもとでの、平和体制を守らんとした努力」を高く評価し、徳仁天皇にもその継承を期待している。

この声明だけでなく、しばしば様々なところで昭仁・前天皇の「平和主義」が評価される(日本の市民運動圏にも少なからず見受けられる)が、これには疑問がある。明仁天皇の即位以来の活動と発言には、根本的には裕仁天皇時代の日本帝国主義の戦争責任が不問にされ、それが「象徴」天皇制のもとでも今日まで継承されていることは無視できない。そして、「平和」を語る昭仁天皇のもとで、憲法が拡大解釈され、「天皇の公的行為（象徴的行為）」が拡大され、「象徴天皇制」が強化されていることも見逃せない。

10月22日、徳仁天皇の即位儀式が東京を厳戒状態において行われた。安倍首相は儀式において、天皇の座所より一段低い位置から「万歳三唱」し、同時に自衛隊の礼砲がとどろいた。これは「臣下の誓い」と「天皇の自衛隊」を想起させる。巷ではこの即位に合わせて「虹が出た」とか、「雨が上がった」とか「富士山に美しい雲がたなびいた」などという21世紀のこの世では信じられないようなおどろおどろしい話がかけめぐった。安倍首相はこの天皇制を最大限に政治利用し、「戦争する国」など自らの政治戦略を進めている。これこそが現下の重大問題だ。現行天皇制は東北アジアの平和実現に役立たないばかりか、その障害となりかねない。

日本国憲法では天皇は「内閣の助言と承認に従って、憲法に規定された国事行為を行う」というだけの存在で、政治的行為は禁じられている。国会開会の際の「おことば」をはじめ、天皇メッセージなどの少なくない政治的行為は憲法に反する。

ちなみに、昭仁天皇はそのいくつかの「お言葉」の中で、「日本国憲法を順守し」という用語を使ってきた。これ自体、そのまま肯定できないが、徳仁天皇は「日本国憲法にのっとり」と語った。「遵守」は憲法99条に該当する言葉だが、「のっとり」はそうではない。徳仁天皇において、より憲法に対する責務が「軽く」なっていることは見逃せない。

一方では、一見別の形だが、韓国のムンヒサン国会議長が軍隊慰安婦の問題などで「天皇の謝罪」を要求し、日本政府の抗議を受けて、のちに「撤回、謝罪」したことも、すでに述べた日本の天皇制の評価において、コインの表裏の関係にないだろうか。天皇制に軍隊慰安婦の問題でも責任があるのは明白だが、日本の憲法では天皇の謝罪があるとすればまず政府の意思が明確でなくてはならない。日本政府がいまだにその責任の認識があいまいであるもとで、日本国憲法の下では、天皇が自らの意思で謝罪することはありえない。日本政府が立場を明確にしないもとで、天皇の謝罪を要求しても、それは解決にならない。くわえて、ムン議長は日本政府の反発にあって、撤回し、謝罪することになった。ムン議長には申し訳ないことだが、彼は二重の意味で間違ったのではないか。

私の意見は現在の日本では少数派に属するかもしれないが、私たちは封建制の遺物であり、それが時の政権に政治利用されている天皇の権威にすがって現下の政治の何かの変革を実現する道はとらない。日本国憲法の3原則と象徴現行天皇制は、日本国憲法の基本的矛盾のひとつだ。私たちは、安倍首相らの憲法改悪に反対し、日本市民自らの責務として平和・民主主義・基本的人権の憲法3原則を日本社会に徹底して実現する過程で、この矛盾も解決していかなくてはならないと考えている。

## 7　終わりに——国際連帯の課題

従来、日本における憲法改悪反対の運動（いわゆる護憲運動）は、その「憲法」という特性から「一国主義的な運動」に偏向しがちだったことは否めない。「護憲運動」のなかで韓国をはじめ、アジアと世界の民衆との連帯の重要性に関する問題意識は希薄であった。これではわが憲法のめざす国際平和を真に実現することはできない。この20～21世紀の覇権主義、帝国主義が跋扈する世界において、日本だけの平和というものはあり得ない。アジアの平和なくして、日本の平和はない。しかし、15年戦争（アジア太平洋戦争）の反省の上に作られた日本国憲法の精神は優れて国際主義的であり、運動の側にこの精神の理解が不足していたと考えている。

たとえば憲法の前文には以下のような記述がある。

日本国民は、恒久の平和を念願し、人間相互の関係を支配する崇高な理想を深く自覚するのであって、平和を愛する諸国民の公正と信義に信頼して、われらの安全と生存を保持しようと決意した。われらは、平和を維持し、専制と隷従、圧迫と偏狭を地上から永遠に除去しようと努めている国際社会において、名誉ある地位を占めたいと思う。われらは、全世界の国民が、ひとしく恐怖と欠乏から免かれ、平和のうちに生存する権利を有することを確認する。

われらは、いづれの国家も、自国のことのみに専念して他国を無視してはならないのであって、政治道徳の法則は、普遍的なものであり、この法則に従うことは、自国の主権を維持し、他国と対等関係に立とうとする各国の責務であると信ずる。

日本国民は、国家の名誉にかけ、全力をあげてこの崇高な理想と目的を達成することを誓う。

この国際主義の精神を受け止め、韓国をはじめ東アジアの市民と連帯して、「戦争する国」への道を歩む安倍政権と対決し、その企てを阻止し、東北アジアの非核平和・共生を実現するために奮闘したい。

# 2章　市民と野党の共闘の再構築

――『週刊金曜日』連載①　2017―2018年の動き

# 改憲勢力大再編に抗するために（2017・10・20）

安倍晋三首相の奇策によって、衆議院解散・総選挙になった。先の通常国会での共謀罪の参院委員会審議が与党による「中間報告」という禁じ手によって強制終了され、安倍政権が追及を恐れた森友・加計疑惑をはじめ、審議を尽くさなければならない重要課題が数多く残されてしまった。

憲法53条にもとづく野党の臨時国会召集の要求を3カ月も無視した挙げ句に召集した臨時国会は、何の議論もないままに冒頭解散となった。森友・加計疑惑で指摘された国家財産の私物化は、この党利党略の冒頭解散によって、究極の国家の私物化まで進んだ。

安倍政権はこの解散を「国難突破解散」と称し、「少子高齢化」と「朝鮮半島情勢」を国難と規定した。いたずらに「国難」を煽り立てるのはファシズムの手法だ。

千載一遇のチャンスであった両院での改憲派議席3分の2の勢力を失う危険まで冒して踏み切ったこの度の解散・総選挙で安倍首相がねらったのは、自公与党＋維新のみに依拠した改憲への道ではなく、総選挙後の改憲勢力の新たな大再編だ。その最大のターゲットは野党4党＋市民の立憲主義勢力の一角に踏みとどまっている民進党を分裂させることだった。

## 立憲3野党＋市民連合

国会解散後の政治情勢の激動は、必ずしも安倍首相がもくろんだようなものにはならなかった。たしかに小池百合子氏の「希望の党」は民進党を解体・吸収した。その勢いは、先の都議選を彷彿とさせるように、メディアの報道に乗って自公与党の足元を脅かした。しかし、小池・希望の強引な差別・選別・排除の手法は、各方面から批判を受け、民進党のリベラル派は枝野幸男氏が立ち上げた立憲民主党に結集し、他の立憲野党と市民連合などとの共闘の道を選んだ。選挙戦は自公与

立件民主党の枝野幸男代表（左）と市民連合が政策合意を確認。（右手前から２人目が筆者）2017 年 10 月３日

党、小池の希望＋維新の会、立憲3野党＋市民連合の三つ巴の闘いになり、有権者には「安保法制・改憲の政策を掲げた自公と希望」対「戦争反対・9条擁護の立憲3党」の二つの選択肢が示された。

今回の総選挙で自民党はその主な公約に「憲法に自衛隊を明記する改憲」など6本柱を掲げた。日本維新の会も三つの柱のマニフェストに憲法改正を掲げ9条改正を明記した。希望の党は民進党からの合流組に、「安保法制の適切な運用」と「憲法改正を支持」することを踏み絵にし、改憲派としての政治的スタンスを明確にした。小池氏のいう「日本をリセットする」と、安倍首相の「戦後レジームからの脱却」がなんと相似であることか。そして、与党・公明党は「加憲」論が持論だ。

第1次安倍政権での9条改憲の動き、２０１２年の自民党憲法改正草案の発表、13年の憲法96条改憲提案、14年の集団的自衛権についての歴代内閣の憲法解釈変更の閣議決定、15年の戦争法（安保法制）強行採決、17年5月3日の9条＋自衛隊条項加憲と一連の安倍首相らによる改憲戦略の動揺・試行錯誤を経て、この総選挙が終わると政界再編まで視野に入れた改憲勢力の大再編が現実のものとなる可能性が出てきた。

戦後70年以上にわたって「海外で戦争をしない国」がつづいたのは憲法第9条の歯止めによるものだ。いま、この歴史が大きく変えられようとしている。これをくい止める力は「絶対に戦争はさせない」という世論にある。

8月末に呼びかけられ、結成された「安倍9条改憲NO！全国市民アクション」実行委員会による「３０００万人署名運動」の呼びかけはまさにこの運動の中軸だ。いま、同実行委は憲法公布71年にあたる11月3日に、東京での10万の市民による国会包囲行動をはじめ、全国で市民が改憲反対の行動を起こすことを呼びかけている。

# 圧倒的少数でも市民との共闘で（2017・11・3）

安倍晋三首相の党利党略で仕組まれた「国難突破解散」は、結果として彼の思惑どおりになったようだ。第48回総選挙は自公与党が３１３議席と改憲発議可能な３分の２以上を確保した。立憲主義を擁護し、安倍改憲に反対した立憲民主、共産、社民の立憲野党勢力は69議席で野党系無所属約20議席程度を加えても約90議席だった。改憲派寄りの希望の党と日本維新の会は合わせて61議席だ。安倍政権の勝利だ。

選挙期間中の各メディアによる世論調査は「安倍内閣を支持しない」が「支持する」を上回っていた。にもかかわらず、安倍政権が勝利を手に入れることができたのは、森友・加計疑惑などで追い詰められ、「国難突破」と称して野党の準備が整わないうちに抜き打ちで解散・総選挙に持ち込み、加えて小池百合子東京都知事による希望の党の立ち上げと野党第一党であった前原民進党の吸収という前例を見ないような策謀によって、野党側の体制がガタガタになったことに助けられたものだ。

もしもこの総選挙に、２０１５年安保闘争以来形成された「立憲野党４党＋市民連合の共闘」対安倍政権与党という対立構図が持ち込まれれば、与党が少なくとも60議席、場合によっては１００議席以上減らすことは必然だった。昨年末以来、全国各地で新しい市民の政治運動、「市民連合」が形成され、それが立憲野党４党の共闘を推進し始めていた。市民連合は野党各党と政策協定を結び、統一候補を作り出すというかつてない市民運動だった。この運動の効果は昨年の参議院選挙の全国32カ所の１人区の闘いで証明済みだった。各地の市民はこの市民連合を衆議院の小選挙区２８９カ所に結成しようと奮闘中だった。しかし、この運動は９月28日の解散に際してはあまりにも時間が足りなかった。

## 立憲民主野党第一党の意義

加えて、民進党の前原誠司代表が、小池代表の希望の党に政党丸ごと身売りするという事件が起きた。前原氏は2年近くにわたる市民連合との運動と政策協議の共闘の積み上げと約束を反故にして、小池氏が示した安保法制容認、改憲容認の踏み絵を踏み、希望の党による選別・排除を受け入れた。この事態を前に、全国の市民は民進党代表選を前原氏と争って敗れた枝野幸男氏に「枝野、立て！」の声をツイッターやメールで送り続けた。この力におされて枝野氏は立憲民主党を立ち上げた。いったん、崩された立憲野党と市民の共闘が急速に立て直された。共産党は候補の一本化のために六十数カ所で独自候補を取り下げ、立憲民主党と社民党の候補に譲った。

総選挙、日本共産党のファイナル演説（写真左から2番目は筆者）。2017年10月21日、東京・池袋駅東口（提供／『しんぶん赤旗』）

当初、マスコミの大々的な報道で「政権交代」まで叫んでいた希望の党は、小池氏の独裁的な党運営や、その政策の第2与党的な路線が見透かされ、急速に支持を失っていった。

結果、立憲民主党が野党第一党の位置を占めた意義は大きい。

安倍首相は選挙後、早速、テレビで「改憲に汗を流す」と語った。今後、多少の曲折はあれ、安倍首相の「憲法9条改憲」とこれに反対し、朝鮮半島など東アジアの平和を求める声の闘いが激化せざるをえない。この対立の下では、小池氏の希望の党と日本維新の会は安倍与党と同じ側に立たざるを得ない。三極の対立ではなく、二極の対立の到来だ。

15年の戦争法に反対する闘いも国会では圧倒的少数であった。しかし、野党と呼応した国会外の市民の闘いは安倍政権を窮地に追い詰めた。市民の闘いが自民党を揺さぶり、公明党を揺さぶり、希望の党を揺さぶって、改憲の動きを止めるような展開を作ることは不可能ではない。

# 9条は平和実現する「アジアの宝」（2017・11・17）

11月3日、「安倍9条改憲NO！ 11・3国会包囲大行動」の4万人の市民を前に、昨年の韓国・キャンドル革命の運動の後継組織、「主権者国民会議」の顧問を務めている金泳鎬さん（元韓国金大中政権の産業資源相）が発言した。

「9条はアジアの宝だ。9条がなくなったら日本は新たな軍国主義国家になる恐れがある。そうなればアジアは軍拡競争の悪循環に陥る。私たちの運動には9条を『守る姿勢』にとどまらず、『攻めの姿勢』が必要だ。近い将来、市民の手で開催資金を準備し、東京で『ダボス会議』以上の『世界平和フォーラム』を開こう」と。参加者は万雷の拍手で応じた。

今年のノーベル平和賞に選ばれた国際NGOの「核兵器廃絶国際キャンペーン（ICAN）」の国際運営委員、川崎哲さんも発言。戦争から学んだ二つの教訓として「9条の不戦の誓いと、核兵器廃絶」を挙げて、唯一の戦争被爆国日本の政府が核兵器禁止条約に参加していないことを厳しく批判した。

筆者はこの日の行動の冒頭の主催者挨拶で「この5月3日、安倍首相は憲法9条に第3項をつけるなどと言って9条改憲を企てた。これは憲法9条第2項を骨抜きにして、この国を戦争する国にするものだ。私たちはこの安倍改憲に反対して立憲野党＋市民の共闘を作り、安倍政権打倒を目指して全力で闘ってきたが、残念ながら今回の総選挙では野党の中で足並みの乱れが起きてしまった」「しかし、いま、新たな野党と市民の共闘が生まれた、確信が持てる状況だ。昨日のある報道機関の調査では『安倍9条改憲』に反対が52・6%、賛成が38・3%だった。これは戦後の平和と民主主義の成果が定着している証拠だ。しかし、安倍内閣が次の国会で予定している9条改憲の発議、その後の改憲国民投票で、私たちが勝てる保証があるわけではない。現行の憲法改正手続法

2017年11月3日、国会正門前で力強くスピーチする韓国の金泳鎬さん（撮影／永田浩三）

（憲法改正国民投票法）には二重にも、三重にも改憲派が勝つような罠が仕掛けられている。この罠を打ち砕いていく力は、本日のような大衆行動と３０００万署名のような全国津々浦々の市民運動の強化にある」と述べた。

安倍晋三首相は11月1日の記者会見で「憲法審査会に各党が（憲法）改正案を持ち寄って、建設的な議論をしていくことが大切だ」「与野党にかかわらず幅広い合意を形成するよう努力を重ね、国民的な理解を得られるようにしていきたい」と、発議に向けた議論を加速させる意思を表明した。しかし、憲法の審査でまず必要なことは、現行憲法がどれだけ実現されているかの検証だ。安倍改憲への「対案」は現行憲法そのものだ。

## 勢いづく極右に対抗

総選挙のあと、極右組織「日本会議」のフロント組織「美しい日本の憲法をつくる国民の会」（共同代表：櫻井よしこ、田久保忠衛、三好達）は各地の駅頭などで「ありがとう自衛隊」「憲法に自衛隊を明記しよう！」などと叫びながら、シール投票や署名などによる改憲キャンペーンを始めた。選挙の結果で勢いづいた日本会議会長の田久保氏らは「自民の改憲案は生ぬるい。安倍政権には右からパンチを」と９条２項の削除を言い始めた。反対に公明党は安倍首相らの改憲のテンポの速さに戸惑っている。与（よ）党と野（や）党の中間に立つ構えで自らの立場をあいまいにしている「ゆ党」の希望の党や日本維新の会などの改憲派政党も、９条改憲問題では自民党と必ずしも一枚岩ではない。市民運動の高揚と、改憲反対の世論の形成こそが、これらの矛盾を一層激化させることができる。私たちは「アジアの宝」である憲法９条の破壊を許さないために、「安倍改憲ＮＯ！」の３０００万署名運動の浸透を通じて、広範な世論をつくり、安倍首相らが来年にも実現しようと企てている改憲の発議を止めていかなければならない。

# 来年は改憲発議阻止の正念場（2017・12・1）

2015年9月19日、戦争法が強行採決された。この日から「戦争させない・9条壊すな！総がかり実行委員会」は毎月19日の抗議行動を全国の市民に呼びかけた。市民は全国各地で19日行動を継続してきた。

この11月19日（日）も午後2時から国会議員会館前で「安倍9条改憲を許さない、森友・加計学園疑惑徹底追及、安倍内閣の退陣を要求する11・19国会議員会館前行動」が行なわれ、2300人の市民が結集した。国会の各野党からは、到着順での発言で、福島みずほ参議院議員（社民党）、大島九州男参議院議員（民進党）、玉城デニー衆議院議員（自由党）、大河原雅子（立憲民主党）、田村智子参議院議員（共産党）が連帯挨拶した。市民団体からは安保法制違憲訴訟の会と3000万人署名活動を進めている東京都練馬地域と、神奈川県藤沢地域の市民から活動報告があった。この日は北海道各地から九州各地まで全国で多数の集会やデモ、行動がなされた。

## 賛否分かれた9条改憲案

今年5月3日の安倍首相による憲法9条に自衛隊の存在を書き込むという発言以来、自民党や改憲派は執拗にその実現に動いてきた。10月22日の総選挙で自公与党で衆議院の3分の2議席、その他の改憲賛成政党を含めれば実に衆議院の8割まで占めるに至った改憲勢力の動きは活発だ。

安倍首相は自民党憲法改正推進本部長に自らの属している派閥の会長・細田博之氏をあて、この間、安倍首相の意を受けて改憲を推進してきた幹部、病気で引退する保岡興治・前本部長と、息子に跡目を譲って議員を引退した高村正彦副総裁を特別顧問として引き続き改憲推進ができる体制を整えた。

この特別国会の所信表明演説ではあえてハイテンションの主張を避け、与野党の枠を超えた改憲

国会議員会館前行動では初めての参加者向けに「個人参加エリア」もある。2017年11月19日、東京・千代田区

議論の協調を呼び掛けるにとどめた。衆院選では自民党は六つの重要政策の一つに改憲を挙げ、改憲の内容として、自衛隊の明記、教育の無償化、緊急事態対応、参院の合区解消を公約した。すでに自民党改憲本部は11月16日に合区解消議論を本格化させ、今後、今月から来月にかけて高等教育無償化、緊急事態条項、自衛隊の明記について議論する方向だ。安倍首相周辺では、こうした作業の延長線上に最短コースで来年1月からの通常国会に改憲原案の提出と国会審議、国会終盤の改憲発議、秋以降の国民投票を狙っている。

しかしこの企てには困難も多い。安倍首相が最も重視する9条に自衛隊を付加する改憲案には支持母体の一つ日本会議の田久保忠衛会長が選挙後、早速、右から「欺瞞でなまぬるい」とかみついているし、自民党内でも石破茂・元防衛相をはじめ、2項と3項は矛盾するという批判は根強い。公明党も党内や創価学会の中に不安が大きく、党幹部も安倍改憲案に慎重姿勢を示さざるをえない。維新の会は反対してはいないが、最優先課題という位置づけではないし、希望の党の中では明確に反対派が存在する。

世論は『朝日新聞』（10月23、24日調査）で「自衛隊明記」反対45％、賛成36％、共同通信（11月1、2日）で反対52・6％、賛成38・3％だが、NHK（10月16日）は賛成29％、反対22％と分かれた。安倍9条改憲に反対する世論が相当に根強くあることは明らかだが、NHKで「どちらともいえない」が40％を占めたように、自衛隊明記の9条改憲案の危険性はかならずしも全国に浸透しているとはいえない。

「安倍9条改憲NO！全国市民アクション」が呼びかけた「3000万人署名」運動は、いま各地で急速に広がっているが、この運動の成否がいま、安倍首相らが企てている来年夏の国会改憲発議を食い止めることができるかどうかの天王山になる。

# 外国からも自衛隊明記に疑問の声（2017・12・15）

11月30日午前、衆院選以来最初の衆院憲法審査会が行なわれた。筆者は2000年1月の憲法調査会の設置以来、その国会審議をほとんどすべて傍聴してきたが、この日、改めて気が付いたことがあった。委員の出席がとても多かったことだ。17年近くの傍聴行動のなかでも、この日のように50名の委員中、47〜48名が出席などということはかつてないことだ。

従来、この憲法調査会（のちに憲法調査特別委員会、憲法審査会と委員会名が変わる）は、出席が半数にも満たないことも珍しくなかった。早退、遅刻、中抜き、内職（週刊誌を読んでいるなど）、おしゃべり、渡り歩きなどで、審議は「学級崩壊」状態（『週刊金曜日』で高田が命名）だった。それがこの日の出席率のよさは気味が悪い。執行部から指示が下りたに違いないが、自民党はいよいよ、改憲に本気を出してきた感がある。

この日はさる7月に実施された「衆議院欧州各国憲法及び国民投票制度調査議員団」の報告と議論が行なわれた。興味を引いたのは武正公一派遣団副団長（民進党・当時）が、「英国のベン下院EU離脱委員会委員長から『憲法に明記されていなくても今まで自衛隊が活動できたのであれば、憲法に自衛隊が明記されていないということはそれほど大きな問題ではないと見受けられる』という指摘があった」と報告したことだ。報告書によるとベン氏は「自衛隊を憲法に明記することによって、どのような違いが生まれるのか。防衛だけではなく、攻撃もできるようになるということか」とも質問した。

自民党の中谷元委員は「ベン委員長は、日本の憲法9条で軍の不保持も書かれ、また交戦権も戦力も保持されないということを知っておられないから出た質問だ」と釈明した。いずれにせよ、外国の政界から憲法9条に自衛隊明記の安倍改憲は疑問を持たれたということだ。このほかにも、公明党や、立憲民主党、共産党などの委員から、イタリアで改憲が否決された国民投票の経験からみて「（多数派だけで先行して進めるのではなく）政局的な思惑を超えた国民的合意」が必要だと強調された。最後に社会民主党の照屋寛徳委員から「国民投票法における広告宣伝のあり方への疑念」「広告資金量の差、発注タイミングの差」で世論操作が行なわれる危険性についての指摘があり、中谷委員は「ひきつづき議論をする」と答えた。

2017年12月2日、「9条改憲NO! 3000万人署名推進相模原・座間キックオフ集会＆デモ」約2000人が集結

## 国会でも草の根でも改憲めぐり激突する時代

これにつづいて、12月6日には参議院の憲法審査会が開催された。今回の欧州調査団の報告・教訓とは裏腹に、年明けの通常国会からは、自民党などの要求で憲法審査会を頻繁に開き、その過程で改憲原案の審議が始まっていくことになりそうだ。

11月27日、極右改憲派団体「日本会議」は創立20周年記念大会を開き、来年の通常国会での9条改憲発議へのスピードアップを主張した。安倍晋三首相はこの大会にメッセージを寄せ「歴史的使命を果たしていく」と述べた。大会で日本会議地方議員連盟の松田良昭会長は「289の小選挙区に改憲国民投票対策の組織をつくる」「相手はまさしく『九条の会』や護憲派だがそんなものには負けない」と発言した。櫻井よしこ氏も「スピードをあげて行なわなければ間に合わない」と主張した。いよいよ安倍改憲の是非をめぐって、国会でも、全国各地の草の根でも両派が激突する時期に入った。

安倍9条改憲NO！全国市民アクションは、新年早々の1月7日午後2時から東京・王子駅の「北とぴあ」で石川健治さん（東京大学教授）、松尾貴史さん（俳優）をスピーカーに「戦争とめよう！安倍9条改憲NO！2018新春のつどい」を開く。この成功を激動の新年のスタートとしたい。

# 改憲手続き法の抜本的再検討を（2018・1・12）

自民党がめざしていた「2017年中に党の改憲原案を作成する」作業は大幅に遅れている。しかし、安倍政権の与党・自民党は憲法9条に自衛隊を明記する改憲案をこの第196通常国会に提出し、その採決と改憲発議強行をねらっていることに変わりはない。

安倍首相は昨年の特別国会の衆院予算委員会で改憲について、「ほとんどの教科書に、自衛隊は違憲の疑いがあるという記述がある。ある自衛官は子どもから『お父さんは違憲なの？』と聞かれて胸を切り裂かれる思いだったと聞いた」と答弁した。子どもをダシに使った解説は、15年の安保法制の集団的自衛権の議論に際して、首相らが再三にわたって子どもや高齢者が乗っている米艦のパネルを示し、「邦人輸送中の米艦防護」の必要性を強調したやりかたと同じだ。首相はまた憲法の議論を情緒的な議論にすりかえ「柳の下の二匹目のドジョウ」を狙っている。

しかし、通常国会で改憲発議を狙う首相にとって、世論の動向はあまり芳しくない。

時事通信が「憲法改正の発議を2018年召集の通常国会で行うべきかどうか」について、昨年12月8〜11日に実施した世論調査では、「反対」が68・4％と7割近くに上った。「賛成」は20・9％。7割の中身は「改憲を急ぐことに反対」が51・3％、「そもそも改憲に反対」が17・1％だ。自民党支持者でも「反対」は過半数を超えた。また朝日新聞社が昨年10月23、24日実施した全国世論調査では、安倍首相が企てる憲法9条改正の「自衛隊明記」について、「反対」45％、「賛成」36％だった。

## 改憲がカネで買われる恐れ

この9条改憲の発議を阻止することを目指して、昨年12月16〜17日、東京で「第20回　許すな！　憲法改悪・市民運動全国交流集会」が開か

改憲発議阻止をめざして、2017年12月16～17日、全国交流集会が開かれた。東京都内

れ、16都道府県からのべ１４５名の市民が参加し、交流・討論を行なった。

交流集会の中心的なテーマは、先の総選挙で市民と立憲野党の共闘をどのように進めたか、「安倍9条改憲NO！ ３０００万署名」をどう進めるかなどであり、各地から充実した報告と意見が相次いだ。

討議の中では、現行改憲手続法（いわゆる国民投票法）のもとでの改憲国民投票はプレビシット（為政者が自分の意思を実現するために国民投票を利用する）になる恐れがあり、改憲「国民投票」を楽観せず、幻想をもたず、まずは通常国会での改憲発議阻止に全力をあげようということが強調された。

安倍政権のもと作られた現行改憲手続法は重大な問題がある悪法であり、この法律のもとでの改憲国民投票は民意を正当に反映することができない。ビラやリーフレット、宣伝カーやテレビコマーシャルなどの宣伝の規制がなく、ほぼ「自由」に行なわれる。テレビ、ラジオ、ネットなどの有料広告がほとんど規制されない。これでは資金力の豊富な改憲派が「改憲の世論」を作ることが可能で、改憲がカネで買われる恐れがある。また最低得票率規定がなく、投票率がどんなに低くても、その過半数で改憲が認められる。国民投票運動期間は60日～１８０日とされ、最速2カ月で投票に持ち込まれる恐れがある。公務員の国民投票運動に不要な規制がかけられることなど、国民投票の公正・公平が保障されていない。

この改憲手続法の抜本的再検討なしに、国民投票が行なわれることを許してはならない。

全国交流集会の参加者は、通常国会で改憲発議を阻止するために、全国各地で３０００万署名運動を軸に改憲反対の世論を高め、改憲派を揺さぶること、市民と立憲野党の闘いによって国会内外で改憲発議ができないような政治情勢を作り出し、安倍政権の退陣を実現しようと確認しあった。

# まずは通常国会が最大の山場（2018・1・26）

安倍晋三首相は1月4日の記者会見で「今年こそ新しい時代への希望を生み出すような憲法のあるべき姿を国民にしっかりと提示し、憲法改正に向けた議論を一層深める。……時代の変化に応じ、国の形、ありかたを考える、議論するのは当然だ。各党が具体的な案を持ち寄り、衆参両院の憲法審査会で活発な議論が行なわれる中で、国民的な理解が深まる」と述べ、改憲への決意を示した。

1月12日、自民党の二階俊博幹事長はテレビの番組で、両院の憲法審査会での議論を念頭に「(改憲の発議は) 1年もあればいいのではないか」と述べた。

## 改憲スケジュールをどう見るか

2019年は天皇退位や代替わり（4月30日～5月1日）、3月下旬の統一地方選挙、7月の参議院議員選挙など重要日程が目白押しのため、安倍首相が唱える「2020年改定憲法施行」の実現のためには改憲の国民投票は遅くとも18年末か、19年春まで以外にない。

当面、1月22日から6月20日（予定）の第196通常国会が、安倍改憲をめぐる最大の山場だ。昨年中にはと予定していた自民党の改憲原案がまだまとまっていない状況で、3月25日に予定されている自民党大会で党改憲原案を決定することになるだろう。連休を挟んで、会期末まで実質2カ月余りの憲法審査会の議論で、自民党案の国会本会議提出、強行採決による発議というシナリオはあまりにも強引すぎる。ここで強引に強行すれば、世論の批判は強まり、発議しても国民投票での勝算の見通しはつきにくくなる。

そこで15年の戦争法制（安保法制）の国会のように通常国会を大幅延長することになる。しかし、安倍首相が3選をねらう自民党総裁選は18年9月8日頃だ。延長国会で改憲原案の強行採決が難しいとなれば、いったん8月中にも国会を閉じて、秋の臨時国会につなぐ必要がでてくる。国会法によると、衆参の憲法審査会では特別に国会会期をまたいで改憲原案審議を継続できるし、国会休会中も審査会の開会は可能というルールがある（国会法１０２条の９）。

NO WAR! 八王子アクション市民パレード。2018 年 1 月 14 日、戦争をさせない八王子市民集会実行委員会（提供／川上芳明）

## 年内か来春に国民投票を狙う

こうして秋に召集される（9月か10月）であろう臨時国会で改憲発議に持ち込むことが可能になる。現行改憲手続法では改憲の発議後の国民投票運動期間が60日～１８０日以内と定められているので、最速（2カ月）で12月、遅くとも19年春までには国民投票になる。

しかし、国会内外での議論が伯仲すれば、国民投票の運動期間を最低限の60日で強行するというのもあまりにも熟議期間が短すぎるという反発が轟々と起こるに違いない。そこで19年通常国会中の春頃までの国民投票設定ということになる可能性もある。改憲派にとっては３月までの国民投票実施は至上命令だ。この年の７月の参院選で立憲野党＋市民連合が共同して闘えば、改憲派は現有の３分の２の改憲発議権を失う可能性があるのは明らかだ。これは絶対に避けなくてはならないと考えるだろう。

安倍首相らが狙うこの改憲スケジュールをおしとどめるための決定的要素は、改憲に反対し、戦争に反対する世論の動向だ。国会外の市民の運動と国会内の各野党が共同して闘い、世論の大多数の反対の声で、与党や改憲派を揺さぶって、改憲発議を断念させる闘いが必要になる。

安倍９条改憲に反対する私たちは全力を挙げて、３０００万署名を推進し、これを軸にした全国の津々浦々での運動で世論を変え、安倍改憲を阻止するために闘うことが課題だ。

# 自民、両論併記は詐術の危険性（2018・2・9）

　昨年5月3日に安倍晋三首相が提唱した9条改憲案は、昨年末に自民党の意見集約作業が行なわれたが、目下、党内の異論も併せて両論併記になっている。もともと自民党案は昨年末に決められる予定だったが、1本化できなかった。①は安倍案で、現行憲法の第9条は残して、それに自衛隊の根拠規定を書き加えるという案、②は石破茂元幹事長らのいう2012年の自民党憲法改正草案に準じて現行9条の2項を削除し、国防軍規定を加えるという案だ。この決着は3月25日の自民党大会まで延ばされた。

　うがちすぎかもしれないが、両論併記という集約には政治的な詐術が含まれていないか、危ういものがある。この議論によれば安倍改憲案が石破改憲案より「柔軟」で「リベラル」に見える可能性がある。動揺する公明党の動向も含め、安倍改憲案が9条改憲議論の世論操作の「落としどころ」に擬せられる危険はないか。

　その実、安倍9条改憲案は「柔軟」どころか、とどのつまり憲法違反の戦争法によって活動する自衛隊を合憲化することで憲法9条を破壊し、徴兵制にまで導きかねないきわめて危険な改憲案であることは多くの論者が指摘している。

　すでに始まった第196通常国会での国会内外での論戦を通じて、安倍9条改憲の危険性を広範な人々に伝え、改憲反対の世論を大きく形成し、安倍首相らが企てる今年中の改憲発議を阻止できるかどうか、いよいよ正念場だ。

## 署名運動の創意工夫

　安倍9条改憲に反対する3000万署名運動は全国各地で急速に広がっている。さまざまな反戦平和・民主団体・労組などが取り組みを決めたり、各自治体レベルで署名推進のための実行委員会が作られたりしている。この全国統一署名運動は各地の駅頭や、スーパーなど人通りの多い場所での街頭宣伝などからはじまり、職場などでの署名運動も行なわれ、現在は地域・住宅の各戸訪問による対話の活動にまで広がっている。ところによっては、地域で結成された実行委員会が、人口比から各自治体の人口の4分の1を目標に署名を集める計画などが、創意工夫をこらして進んでいる。

以下は神奈川県の「あつぎ・九条の会」のYさんが同会の「ニュース」に寄稿した活動報告である。

安保法制違憲訴訟国家賠償請求第6回口頭弁論参加の入場行進をする原告・弁護団ら。2018年1月26日・東京地裁前

私の住む町内の260軒ほどの戸建て住宅団地を、仲間と2人で3000万署名とヒバクシャ国際署名を持って5回に分けて訪問をしました。曜日や時間帯を変えてみましたが留守も多く在宅していたのは100軒ほどでした。／インターホンを押して町名と自分の名前を名乗り署名の趣旨を伝えると、意外なほどにドアを開けてくれました。（中略）。／3000万署名については、シンプルに「自衛隊員の命を危険にさらす改憲はストップさせたい」と訴えました。対話した方の約4割が署名に応じてくださり、30代40代の子育て中のお母さん方や、戦争を体験された80代の方などと対話が弾み、12人の方に九条の会の会員になっていただきました。／残りの約6割の方も頭から断る人は少なく、「そういうむずかしいことはわからない」「もう少し考えたいので保留する」という理由でした。／今回の署名行動はごく狭い範囲でした。しかし、国会発議の準備が着々と進められている中、9条改憲の危険性をもっともっと外に向けて語る必要があると痛感させられました。／今、私たちの地元の九条の会では、九条ニュースに折り込んだ署名受け取り訪問を始めています。それと同時進行で今回のような軒並み訪問を繰り返していきたいと思っています。

（「あつぎ・九条の会」ニュース№135より）

こうした一人ひとりの地道な努力や創意工夫こそが、安倍9条改憲を阻止する力である。

# 事実に基づかない首相の改憲宣伝（2018・2・23）

安倍首相が政治的暴走をするとき、しばしば使う手口に、子どもなどをダシに使った、事実に基づかない煽情がある。もしかしたら、これはかつての「ナチスの手口」に学んだものなのではないだろうか。

安倍首相が昨年5月3日の日本会議系の集会に寄せたビデオメッセージでは、憲法第9条に自衛隊の根拠規定を盛り込む必要性が以下のように説明された。

「今日、災害救助を含め命懸けで、24時間365日、領土、領海、領空、日本人の命を守り抜く、その任務を果たしている自衛隊の姿に対して、……多くの憲法学者や政党の中には、自衛隊を違憲とする議論が今なお存在しています。『自衛隊は、違憲かもしれないけれども、何かあれば、命を張って守ってくれ』というのは、あまりにも無責任です。……少なくとも私たちの世代のうちに、自衛隊の存在を憲法上にしっかりと位置付け、『自衛隊が違憲かもしれない』などの議論が生まれる余地をなくすべきであると考えます」と。

「違憲かもしれないけれども、何かあれば、命を張って守ってくれ」と誰が言っているというのか。

同じように昨年11月、衆議院予算委員会で安倍首相はこう言った。「教科書についても、違憲の疑いについての記述がほとんどの教科書に載っているところでございまして、自衛隊員のお子さんたちもこの教科書で勉強しているわけでございます。ある自衛官から聞いたのでありますが、お子さんから、お父さんは違憲なの、こう言われたことに胸を切り裂かれる思いだったと言われていた話を私は聞いたことがある」と。

これは本当か。いま使われている教科書で「自衛隊は違憲」と断じているものは一つもない。自衛隊違憲論に立つ私にとっては残念なことではあるが、教科書に子どもが「お父さんは違憲だ」などと教えられる記述はない。

この安倍首相の手口は２０１４年の集団的自衛権行使に関する閣議決定の時にも使われた。邦人親子が米艦に助けられている絵のフリップを示しながら、９条解釈の変更を正当化しようとした。「紛争国から逃れようとしているお父さんやお母さんや、おじいさんやおばあさん、子どもたち……。彼らが乗っている米国の船を今、私たちは守ることができない」と。有名な話だが、湾岸戦争の時には米国が「油まみれの水鳥」と「泣き叫ぶ少女」の２枚の写真を使った情報操作が成功し、戦争が正当化された。

「安倍９条改憲 NO! 全国統一署名」街頭宣伝での街中芝居。2018 年 2 月 6 日東京・新宿駅西口（提供／川上芳明）

## 煽情的改憲キャンペーン

こうしたキャンペーンの仕方が、もしも改憲の国民投票の際に大々的に使われたら、投票結果を大きく左右するおそれがある。安倍首相の前述の言説をみれば、それが杞憂とはいえないだろう。本連載（50、51頁）でも書いたが、現行改憲手続法ではメディアを使った有料広告が原則自由だ。資力のある者のみが莫大な費用を駆使してテレビ・ラジオや新聞を使った宣伝ができることとなる。有力タレントなどを使った煽情的なキャンペーンが行なわれることは必定だ。朝から晩まで「自衛隊さん、ありがとう」「憲法では、自衛隊は、明記されておらず、『憲法違反』の存在といわれています」「いったいこれでいいのでしょうか」（日本会議系のチラシから）などというスポット広告が流されるかもしれない。

カネの力で国民投票の結果が買われる。この点だけをみても、現行改憲手続法は不公正・不公平だ。いずれ本欄で指摘したいが、この法律にはほかにも問題点が多々ある。この法律の下で国民投票が行なわれることは容認できない。

安倍首相は「改憲の対案をだせ」という。はっきり言おう、「対案は現行憲法だ。これを守り、使い切ってから言ったらどうか」と。世論が求めていない「改憲発議」は必要ない。

# 改憲発議へ 参院憲法審査会始動（2018・3・9）

2月21日、参議院憲法審査会（柳本卓治会長・自民）は今通常国会初めての実質審議となる各党各会派による「自由討議」を行なった。年内には改憲発議をしたいと前のめりになっている安倍晋三首相の意図を忖度するかのような早めの日程設定だ。昨年は参議院はまる1年にわたりほとんど開催されなかったし、衆議院も実質審議は3月16日からだった。

冒頭、岡田直樹参院自民党幹事長代行が改憲のテーマとして検討している4項目（自衛隊、緊急事態条項、合区解消・地方公共団体、教育充実）のうち、2月16日にまとめた「合区解消」に関する憲法47条、92条の改憲案について説明、憲法審査会での議論の促進を求めた。岡田発言は参院選での合区を解消するため、改選ごとに各都道府県から1人以上選出するよう憲法47条、92条を変えるものだ。

他の自民党の委員は残りの3項目についても、それぞれ改憲の必要性を主張した。合区解消改憲については維新の会の東徹総務会長が「公選法の改正で可能であり、改憲には反対」とのべ、公明の西田実仁参院幹事長も慎重論を主張するなど、各党の賛同の声はほとんど出なかった。

9条に関して自民党の山谷えり子委員は、安倍案と同様に9条2項を維持し、自衛隊の根拠規定を書き込む改憲を主張、希望の党の松沢成文参議院議員団代表も同様の主張をした。自民党の松川るい委員は、本来2項は削除すべきだが、改憲案をまとめるために安倍案を支持する意見を述べた。野党各党の委員は厳しく反論、立憲民主党の風間直樹委員は「安倍改憲案は全面的な集団的自衛権の行使になりかねない」と反対し、民進党の白眞勲委員は「国民が改憲を求めていない。改憲より日米地位協定の改定を」と述べ、共産党の仁比聡平委員も「自民党改憲案は9条の意味が変わらないどころか180度覆される」と指摘した。

傍聴席には市民たちが大勢詰めかけた。山谷えり子委員が、福井の大雪での自衛隊の活動を挙げて、憲法学者の6、7割が自衛隊違憲論であり、「教室で違憲論を先生が語り、自衛隊員の子がいじめにあう現実もある」などと安倍首相が使い古したフェイクニュースに言及したときには、傍聴者たちから「嘘を言うんじゃない！」などと異例のブーイングが起こった。

2018年2月24日、「国際NGOの現場で考える憲法第9条」。講師は長谷部貴俊日本国際ボランティアセンター事務局長

## 世論は二分

2月21日には、自民党憲法改正推進本部が「国に教育環境整備の努力義務を課す」条文案をまとめたが、案には「無償化」が明記されておらず、この問題を改憲の一丁目一番地としている維新の会から不満が噴出した。他党からは教育基本法で処理できるではないかとの改憲不要論が相次いだ。

3月25日の党大会をめどにした自民党改憲案の取りまとめは、これ以外の9条改憲や緊急事態条項では党内すらまとまっておらず、今後の審議日程を考慮すると、年内改憲発議という執行部の企てては容易ではない。

改憲論議に決定的な影響を及ぼす世論の動向は、2月17日、18日の『朝日新聞』調査では年内発議に賛成34％、反対43％で、9条に自衛隊明記の改憲が必要がある40％、その必要はない44％だ。産経・FNNが2月12日に発表した調査では、「2項維持・自衛隊明記」27・5％、「2項削除」28・8％、9条を変える必要ない40・6％。改憲を2項目にした3択の調査と、改憲反対・賛成の2択の調査では、結果にこうした差が出がちだが、いずれも改憲反対が4割以上を占めており、国論が二分している状況だ。

蛇足だが、前述の自民党の47条改憲案文は約180字、92条は85字だ。改憲国民投票に際して、かくも長文の改憲条項案を投票用紙に書き込み、有権者に賛成・反対を選択させることは容易ではない。改憲原案づくりは難航必至だ。

# 改憲の裏で進む自衛隊「戦力」化（2018・3・23）

自民党は9条に自衛隊の根拠規定を書き込むという安倍晋三首相の構想に沿って、改憲案作りと2018年中の改憲発議実現のための世論作りを急速に強めている。

3月25日に開かれる自民党大会では、18年度運動方針に「（憲法）改正実現を目指す」と題する章を設け、自衛隊の明記など4項目の改憲案作りと各党各会派との合意形成を進めながら、「（国民の理解に向けて）都道府県支部連合会や選挙区支部主催の憲法研修会を積極的に開催する」などとした。ただし、財務省の森友文書改竄問題によって、25日の党大会に改憲条文案まで提示するのは難しく、「方向性」だけを示す見通しだ。

朝鮮半島情勢の緊張を利用し、自衛隊を憲法に書き込み、自衛隊を「戦争する国」の「国軍」化しようとする動きは、憲法9条の「武力で平和は作れない」という理念から、「武力による平和」への大転換であり、戦後70年の「戦争をしない国」の歴史の清算になる。

一方、この明文改憲への動きの裏で、安倍改憲が目指す「戦争する国」の実態づくりが着々と進められ、自衛隊の海外で戦える「軍隊」、外征軍化にむけての変質がすすめられている事実を見逃すことはできない。

## 次々と攻撃的兵器を導入

15年安保は集団的自衛権の行使に道をひらき、海外で戦うことのできる自衛隊を許すかどうかの闘いであった。それは戦後の歴代政権が自衛隊は「憲法が禁じる戦力ではない、自衛のための必要最小限度の実力部隊」だとして、「専守防衛」を原則として、海外での武力行使はできないとしてきた「枠組」を突破するかどうかの闘いだった。

歴代政権の説いてきたところでは、「専守防衛」のための実力組織は、大陸間弾道弾（ＩＣＢＭ）や、戦略爆撃機、航空母艦など攻撃的兵器は

「佐川前理財局長国会喚問」などと訴える市民。森友文書改竄問題は改憲日程にも影響か。2018 年 3 月 5 日、官邸前（撮影／金浦蜜鷹）

持つことができないし、敵基地攻撃能力も事実上は保有しないとされてきた（例：１９８８年４月６日、参院予算委員会での瓦力防衛庁〈現、防衛省〉長官答弁）。

ところが、２月14日の衆院予算委員会で安倍首相は「先制攻撃が圧倒的に有利」と踏み込んだ発言を行なった。今年末までに策定される新たな防衛計画の大綱と中期防衛力整備計画の方向にそって、18年度予算案などで進んでいるのは攻撃的兵器の導入だ。あらたに自衛隊に配備されるＦ35Ａステルス戦闘機から発射される長距離巡航ミサイル「ＪＳＭ」をはじめ、より性能が高いミサイルの配備が検討され、北東アジアがその射程圏内に入ることになる。また、海上自衛隊の「いずも」などヘリコプター搭載護衛艦（ＤＤＨ）の航空母艦化も進められ、これに米軍から導入する短距離離着陸・垂直離着陸機Ｆ35Ｂステルス戦闘機を配備する構想が進められている。これによって「敵国」近海での攻撃作戦が容易になる。

「離島防衛」を口実にした軍事力の強化も急速で、沖縄には地対艦誘導弾（ＳＳＭ）や地対空誘導弾（ＳＡＭ）の配備の構想が進んでいる。「陸自始まって以来の大改革」の掛け声の下で、３月末には２１００人規模の水陸機動団2個連隊が佐世保基地で発足する。水陸機動団は米海兵隊をモデルとしたもので、海兵隊は「殴り込み部隊」と言われる敵基地攻撃の戦闘団そのものだ。

このような敵基地攻撃能力の強化と裏腹に進んでいるのが「ミサイル防衛」体制の強化だ。１基１０００億円弱の陸上配備型迎撃ミサイルシステム「イージス・アショア」は秋田・山口などに配備される予定だ。これに日米共同開発中の新型ミサイルＳＭ３ブロックⅡＡを配備すると射程や迎撃高度が大幅に向上するという。

安倍９条改憲阻止の運動はこれらの自衛隊の「戦力」化、外征軍化の動きを暴露し、反対する運動と結び付けて闘われる必要がある。

# いま、日韓市民平和シンポの意義（2018・4・6）

3月13日、韓国・ソウル市市庁舎の多目的ホールで「日韓市民平和シンポジウム」が開催された。日韓の市民団体の共催で、韓国側が2016年のキャンドル革命をけん引した市民運動の後継組織である「主権者全国会議」と「ソウル大学校平和統一研究院」、日本側が「戦争させない・9条壊すな！ 総がかり行動実行委員会」。

韓国では南北首脳会談と米朝首脳会談の開催が決まり、朝鮮半島の危機の平和的打開への動きが始まり、日本では森友問題での公文書改竄事件をはじめ安倍政権の責任が追及されて内閣支持率が急落するという、めまぐるしい政治状況の変化の中で開かれたシンポジウムだった。（以下、文中敬称略）

司会者の「3カ月が数日に当たるほど激しい時代の変化の中で迷子にならないように討議を重ねよう」という挨拶から始まり、「歓迎の言葉」として韓完相元副首相（統一相・教育相）と主権者全国会議常任顧問の咸世雄神父が挨拶した。日本側からは高田健（総がかり行動実行委共同代表）が開会の挨拶にたち、「南北首脳会談と米朝首脳会談を実現した韓国市民の平和と人権の闘いに敬意を表す。日本でも安倍政権打倒と改憲阻止の運動が急速に発展している。国会議員と市民の共闘を進めていく。韓国のキャンドル革命に学びたい」と述べた。つづいて金泳鎬（元経済産業相）、鄭根埴（ソウル大学校平和統一研究院院長）が挨拶した。基調講演は、日本側は小森陽一（九条の会事務局長、東京大学教授）、韓国側は李富栄（東アジアの平和会議代表）が行なった。

## 平和宣言に9条守る連帯

さらに三つのテーマのセッションで発言があった。第1セッション〈韓日の市民運動の現況〉で、福山真劫（総がかり行動実行委共同代表）、安珍傑（参与連帯市民委員長）が報告（以下発言者名

2018年3月13日、ソウルの日韓市民平和シンポジウムで報告する小森陽一・九条の会事務局長

のみ記し詳細省く）。

第2セッション〈北東アジアの平和体制構築方案〉では、川崎哲（核廃絶国際キャンペーン〈ICAN〉国際運営委員）、韓国側は徐輔赫（ソウル大学校）が報告した。続いて金鍾大（正義党国会議員）、朴亭垠（参与連帯）、清水雅彦（日本体育大学教授）、土井登美江（脱原発をめざす女たちの会）などが発言した。

第3セッション〈日韓市民平和運動の課題と協力方案〉では小田川義和（総がかり行動実行委共同代表）、朴亭垠が報告、続いて李贊洙（ソウル大平和統一研究院）、鄭旭湜（平和ネットワーク）、吉倫亨（ハンギョレ21編集局長）、内田雅敏（日本弁護士連合会憲法委員会幹事）、有光健（戦後補償ネットワーク世話人代表）、菱山南帆子（総がかり行動実行委員会）、高田健がそれぞれ発言した。

最後に「日韓／韓日市民の平和宣言」を採択した。

日韓／韓日市民の平和宣言（要旨）

1．朝鮮半島の平和と非核化、東アジアの平和を構築するため、6カ国協議の再開など、有効な方策について真剣に議論する。

2．南北朝鮮は休戦協定の調印国である米国・中国とともに休戦状態を真の平和協定体制へと発展させるために努力する。

3．戦争放棄と戦力不保持をうたう日本の平和憲法9条を守るために、国内外での広範囲な連帯行動を続けてゆく。

4．かつてのアジア侵略戦争がもたらした被害に対する真の謝罪と解決こそが、和解と東アジアの恒久的平和の実現へ進む道である。

5．2018年4月21日、歴史的な南北・米朝首脳会談に先立ち、「朝鮮半島平和大会」を開催する。

同時通訳で8時間に及ぶ内容の濃い会議で、最後に共同の「平和宣言」を採択して、一層の連携を誓いあうなど今後の日韓の市民運動にとって画期的なものとなった。

# 党大会提示、9条改憲案の問題点（2018・4・20）

森友疑惑の公文書改竄につづいて、自衛隊の日報隠蔽が発覚した。シビリアンコントロールの根幹が揺らいでいる。自民党はこの自衛隊を憲法に書き込むのか。

約1カ月前の3月25日に開催された自民党大会で、安倍晋三首相（総裁）は「いよいよ改憲に取り組むときがきた」「憲法にしっかりと自衛隊を明記し、違憲論争に終止符を打つ」と演説した。公文書改竄問題で自民党に逆風が吹き荒れる中、あえて政治生命を賭けて改憲を進める決意を表明したものだ。

しかし、自民党の中だけを見ても、この首相が目指す改憲の道は容易ではない。自民党執行部の予定ではもともとこの改憲案は昨年中にまとめられるはずだった。それがかなわず、この党大会までと期限を日延べしたにもかかわらず、この大会でも成案を作ることができなかった。

3月22日、自民党の憲法改正推進本部（細田博之本部長）の全体会合は党大会に向けての議論を行ない、石破茂元幹事長ら批判派の意見を強引に封じ込め、安倍首相が求める憲法9条改正案の方向で、今後の条文化作業を細田氏に「一任」することを決めた。事実上の「強行可決」だった。翌23日に開催した自民党総務会でも不満が噴出。こうした結果、大会での条文案の決定は見送り、大会後に作成することにした。

この強引な進め方に対しては公明党執行部も動揺している。

## 制約なしの戦争可能に

党大会で示された9条改憲の条文案の「方向性」は、9条の1項、2項を維持して新たに「9条の2」を設け、その1項に（9条の2項の規定は）「我が国の平和と独立を守り、国及び国民の安全を保つために必要な自衛の措置をとることを妨げず、そのための実力組織」としての「自衛隊を保持する」とするものだ。そして、この間の2項維持案では、自衛隊を「必要最小限度の実力組織」と規定していたが、この文言は「方向性」からは削除することになった。

　これはきわめて重大な問題だ。このように書き込めば自衛隊の目的・任務は「我が国の平和と独立を守り、国及び国民の安全を保つために必要な自衛の措置」、すなわち「自衛権」一般の行使の宣言であり、2015年に強行した安保法制（戦争法）の枠組みを超え、国連憲章51条にいう「集団的自衛権」の行使、いわゆる〝フルスペック〟の集団的自衛権の行使が憲法上できることになる。

犬と猿と雉が
キビ団子につられて
鬼の島で戦争をしたのは
有名な話だが
猫がきっぱりと
断ったことは
教科書には載っていない
【主張するネコたちのこと】より

　そのうえ、「必要最小限度の実力組織」の規定をわざわざ外したことで、14年の閣議決定による「武力行使の新3要件」（①我が国に対する武力攻撃が発生し、または密接な関係にある他国に対する武力攻撃が発生したことで我が国の存立が脅かされ、国民の生命、自由、権利が根底から覆される明白な危険がある、②我が国の存立を全うし、国民を守るために他に適当な手段がない、③必要最小限度の実力行使にとどまる）などの「くびき」は外され、武力行使は事実上無制限になる。自衛隊は憲法上制約なく、海外での戦争が可能になる。

　これが9条の2として付け加える条文の意味するものであるなら、「9条の1」として「維持された」という9条1項（戦争の放棄）、2項（戦力不保持、交戦権の否認）は、「新たな9条の2」によってまったく否定されてしまう。これは戦後七十余年にわたって維持してきた平和憲法体制の全面的な否定であり、まさに「戦後レジームの総決算」だ。安倍政権を支える自民党執行部はしゃにむにこの道を突き進もうとしている。

　大会で自民党が確認したのは、この9条改憲以外に、▽教育の充実、▽緊急事態条項、▽参院選「合区」解消の3項目だが、従来の自民党の議論を見れば、これらのいずれもが憲法マターではなく、課題があるとしても法律で解決できる問題であることは明らかだ。

# 許されない現職自衛官の暴言（２０１８・５・11）

４月17日の参議院外交防衛委員会で民進党（当時）の小西洋之参院議員が驚くべき事件を明らかにした。16日夜、国会前の路上で、現職自衛官と名乗る男性から「お前は国民の敵だ」と暴言を浴びせられた。近くにいた警察官らが駆け付けた後も同様の発言を執拗に繰り返し、30分にわたり罵り続けたが、最終的には謝罪したという。

自衛官の行動はわが国最大の実力組織、自衛隊員の「政治的行為の制限」を定める自衛隊法に違反するものであり、許されざる行為だ。防衛省はこの人物が統合幕僚監部に勤務する30代の幹部自衛官（３等空佐）と確認し、河野克俊統合幕僚長は小西議員に直接謝罪した。小野寺五典防衛相は同委員会で、この件についてすでに報告を受けているとし、「自衛隊の服務の問題になる。事実関係を確認した上で適正に対応する」と述べた。

しかし小野寺防衛相は同日、記者団にたいして「若い隊員がおり、様々な思いもあり彼も国民の１人でありますので当然思うことはあると思う」などと述べ、19日の参院外交防衛委員会では「擁護するというつもりはない」と答弁する一方、「自衛官にも憲法で保障された内心の自由は認められる」などと発言し、問題の重大性が認識されていないことを露呈した。

筆者は19日夜、総がかり行動実行委員会などが主催した「安倍９条改憲ＮＯ！　森友・加計疑惑徹底追及！　安倍内閣退陣！　４・19国会議員会館前行動」でのあいさつでこの事件に触れ、「このところの自衛隊の暴走は目に余る。これは安倍首相の９条改憲、自衛隊の根拠規定明記の動きと軌を一にしたものだ」と指摘した。

おりしも、自衛隊のイラク戦争と南スーダン派遣の際の「日報」隠しが問題となり、情報の公開原則と、民主主義の根幹にかかわるシビリアンコントロールからの逸脱が指摘されている時だ。

国会では「廃棄した」とされた南スーダンＰＫ

○の日報が見つかり、ＰＫＯ参加５原則に抵触する「戦闘」の記述を隠すためだと指摘されていた。また防衛省は従来、「ない」としてきた陸上自衛隊イラク派遣部隊の日報を公表した。日報によれば、自衛隊のイラク派遣は「非戦闘地域」での活動が建前だったが、派遣された自衛隊員が「殺し、殺される」危険にさらされていた「戦闘地域」だったことが明らかにされている。しかし、サマワの陸自宿営地とその周辺への迫撃砲などによる攻撃が多発した２００４年４月～05年１月の日報は隠蔽され、わずか２日分しかない。ここにいたっても「サマワなどは戦闘地域だった」という決定的な証拠を隠そうとしているのだ。

2018年4月19日、総がかり行動実行委員会などが主催した「安倍内閣退陣」などを求める国会議員会館前行動（撮影／金浦蜜鷹）

## 制約なしの戦争可能に

　自衛隊、防衛省の暴走の背景には、安倍政権のもとで海外での戦争を許容する「戦争法」などの法体系が整えられ、また、その実力を強化するための防衛予算が年々増大されるなど、自衛隊の社会的地位の変化がある。

　17年５月３日に安倍首相が発表した９条改憲案に対して、河野自衛隊統合幕僚長が「一自衛官として申し上げるなら、自衛隊の根拠規定が憲法に明記されることになれば、非常にありがたいと思う」と述べたことがある。「一自衛官としてした話」と前提を付けたとはいえ、この発言は自衛隊員の政治的行為を制限すると規定した自衛隊法61条に違反したとんでもない発言だ。先の小西議員に対する自衛官の暴言同様、こうした行為が容認される空気が自衛隊の中にある。

　この国が戦争への道を走ることのないよう、今回の事件を曖昧にすることはできない。小野寺防衛相と河野幕僚長の引責辞任、および首相の任命責任を明らかにしなくてはならない。暴走する体質をもった自衛隊の根拠規定を日本国憲法第９条に付け加えるのは、平和憲法の破壊であり、許されない。

# 小手先の改憲手続法の改正案

（2018・5・25）

最近の各種世論調査による「安倍政権に優先して取り組んでほしい課題」は、『朝日』（3月14～4月25日）では「憲法改正」が9項目中最下位（11％、複数回答）、『読売』（3月9～11日）でも9項目中最下位（28％、複数回答）、NHK（4月13～15日）の「憲法改正の議論を進めるべき」（19・2％）、「憲法以外の問題に優先して取り組むべき」（68・3％）だった。このように世論は「憲法改正」を望んでいないのに、いま与党は憲法審査会での改憲案の審議を急ごうとしている。

衆議院憲法審査会の与党側は5月11日の幹事懇談会と17日の憲法審査会で、「憲法改正の手続きを定めた国民投票法改正案」を提示した。たしかに現行の憲法改正手続法は国民投票の公正・公平を保障するうえで重大な問題があり、同法成立以来、野党や日本弁護士会、市民運動の中から、抜本的再検討の声が上がっていた。しかし、今回の与党案は同法の本質的な欠陥についての対応を全く回避して、枝葉末節の部分のみを取り上げ、これを、現在、安倍政権によるきわめて異常な国家の私物化、行政の腐敗などが批判された結果、審議が停滞している憲法審査会の再起動への糸口として、自民党改憲案の審議を急ごうとする、きわめて政略的な動きだ。今回示された与党の「改正案」は、駅や商業施設に「共通投票所」を設置するとか、洋上投票の対象拡大など投票利便化に関するもので、2016年の公職選挙法改正に合わせただけのものがほとんどだ。

この与党改正案では同法の重大な欠陥が全く正されない。この間、同法の抜本的再検討が求められてきた問題点は、本誌連載第6回（1月12日号）でも指摘したように、「国民投票運動に際してテレビやラジオなどを使った有料広告放送が基本的に無制限になっている問題」や、「最低投票率、絶対得票率の規定がない」こと、「国民投票運動期間が60日から180日と短く、最速で2カ

道徳教育の
必要性を
心底納得
させてくれる
なんて
説得力のある
政権なんだ！
【主張するネコたちのこと】より

月で投票に持ち込まれる恐れがある」こと、「公務員や教育者の国民投票運動への参加を過度に制限している」ことなどだ。問題の本質は資金力の豊富な勢力によって改憲の世論が「カネで買われる」事態が発生したり、国民投票運動の公正・公平が保障されていないなど、同法の根本的欠陥にある。

とくに、この間、テレビCMなど「有料広告」が規制なしになっている問題が、野党を含め、各方面の人々から指摘され、同法の抜本的再検討の声があがってきた。同法は結局、財界や広告業界と結びついた与党・改憲勢力に圧倒的に有利であり、カネの力で、国民投票が改憲に誘導されることになるという問題が指摘され、警戒心が広まってきていた。

## 「欠陥立法」の見直しを

もともとこの改憲手続法は第1次安倍政権の下で07年5月に与党によって強行採決されたものであり、参議院での採決に際しては、三つの附則と18項目の附帯決議がつけられた「欠陥立法」だった。附則は①選挙年齢・成年年齢の見直しなど、②公務員の運動自由化のための措置、③重要問題についての一般的国民投票の検討であり、18の附帯決議は最低投票率の導入の検討（第6項）、教育者・公務員の地位利用の規定（第11項）、テレビ・ラジオの有料意見広告問題（第13項）など、いずれも同法の死活問題というべき重要な事項だった。同法はのちに第2次安倍政権下の14年に一部「改正」されたが、各界から指摘されていた重要問題は放置されたままだった。これらの問題の検討に着手しない限り、投票の公平・公正を保障する抜本的再検討にはならない。憲法審査会は小手先の法改正でごまかすことなく、同法の抜本的再検討を行わなくてはならないし、世論が求めていない改憲案の審議を党利党略で強行してはならない。

# 広場民主主義から社会変革へ（2018・6・8）

5月24～25日、韓国のソウル市で「キャンドル抗争国際シンポジウム～広場民主主義と社会変化の展望」と題したシンポジウムが開かれた。

シンポジウムはこの10年あまりの間、世界各地で政治の変革を求めて立ち上がった市民運動の経験を交流し、現代世界において「広場民主主義（市民の民主主義的非暴力行動）」の可能性を探ろうとする、極めて意欲的なものだった。

シンポジウムには韓国の各界の市民団体の代表をはじめ、スペイン、アイスランド、チュニジア、台湾、日本、ハワイなどの市民運動関係者約100人が参加した。

冒頭、韓国のキャンドル（ろうそく）革命を牽引した「朴槿恵政権退陣・非常国民運動」の「記録記念委員会」の白楽晴ソウル大学名誉教授が基調発題をした。

キャンドル革命は何カ月にもわたり、その規模（延べ1700万人が参加）、運動の持続性、祝祭的な形態をとった平和的手段でのデモ、そしてそれが朴槿恵独裁政権を打倒した点で大きな特徴があった。韓国は分断国家としての困難を抱えている。1987年6月の民主化闘争を経て、新しい憲法体制が作られたが、李明博、朴槿恵政権による非立憲主義的な政治がつづいた。キャンドル革命は憲法が守られない国を、憲法が守られる国に変える闘いだった。4月27日の板門店宣言はキャンドル革命がなければ、ありえなかった。

私たちは朴槿恵政権を打倒したが、未解決の課題は多い。いま、韓国で進んでいるのは平和的な方法に依存した市民主導型の革命作業だ。この1年余、過去の政権の数々の隠された悪事を暴き出した。いま、市民の直接的行動と平和的革命は世界の趨勢になっている。通信手段や情報・知識の拡大のなかで、暴力的弾圧がしにくくなった。

――という講演だった。

## 欧州でもアフリカでも

　各国からの報告によれば、運動の特徴は、世界を席捲する新自由主義のもとで拡大する格差や貧困、非民主主義的政治に対し、既成の政治システムが有効に対応できない中で、非暴力の、直接民主主義的な形態で若者や女性など市民が立ち上がってデモを行ない、「市民のひろば」を作り出したことだった。占拠（オキュパイ）した広場の空間が発信源になって、ＳＮＳなどの手段で運動が社会全体に広がり、新しい政治の契機を生み出していくという経験だった。

シンポジウムの第２部で発言するチュニジア代表（右から２番目。2018年５月24日。ソウル）

　韓国のキャンドル革命はもとより、欧州、北アフリカ、東アジアなどの各国からそうした経験が語られた。スペインではひろばから市民政党ポデモスが生まれ、今日では国会に議席を持ち、いくつかの自治州や都市では他の野党とともに政権をになうまでに成長した。以前から労働運動と市民運動が存在していたチュニジアでは、アラブの春（ジャスミン革命）とよばれた北アフリカ、中東の独裁政権を倒したたたかいの多くが挫折した中で、２０１５年のノーベル平和賞を受賞するなど、闘いはつづいている。台湾でも14年３月、ひまわり運動とよばれる非暴力の学生の行動が始まり、約30万人の市民が国会周辺を解放区にして、立法院（国会）を３週間にわたって占拠した。この運動は香港の雨傘革命などにも伝播した。その後、立法院議長との対話を経て学生は撤退した。11月の選挙で与党国民党は大敗した。日本からは15年安保と「総がかり運動」の報告をした。

　参加した各国の市民運動にはそれぞれの国情によるちがいもあったが、この時代に、直接民主主義の表現としてのひろばへの結集とＳＮＳなどによる発信のかたちをとった市民の新しい非暴力抵抗運動の力が台頭し、これがこの間、圧政に対する抵抗を継続してきた労働組合やさまざまな市民運動と連携して、社会変化を作り出す重要な要素となっている。広場民主主義への確信が持てる会議だった。

# 安倍首相の改憲日程が大幅遅滞（2018・6・22）

6月10日の日曜日午後、降雨と台風接近の予報にもかかわらず、国会正門前には2万7000人の市民が集まった。23の市民団体が呼びかけた「9条改憲NO！　安倍政権の退陣を要求する6・10国会前大行動」。集会の名称が示しているように、この間の安倍政権のもとでグチャグチャに壊されている平和と人権と民主主義、この社会の政治の行方を危惧する大勢の市民が声を上げた。

2018年の第196通常国会の終盤に安倍政権の退陣を要求して結集した、この日の市民行動は人々の記憶に残り続けるだろう。

昨17年5月3日、安倍晋三首相が「2020年までに『9条に自衛隊を明記する』などの新憲法施行の方針」を発表してから1年以上が経った。しかし、彼が提起した新しい改憲のスケジュールは、世論や野党の反対の声のもとで容易に動かない状態にある。

自民党は昨年中に党の改憲案をまとめ196通常国会中に発議するとしていたが、党内の調整に手間取り、本年3月25日の党大会までにまとめると日延べした。しかし、その党大会でも9条を中心とした4項目の改憲案の「方向性」は打ち出したものの、案としての絞り込みには失敗した。

その後、1年越しの〝モリカケ疑惑〟に加えて、防衛省や財務省などの公文書改竄・隠蔽疑惑など政官の不祥事が相次いで発覚し、国会内外で安倍政権の責任が追及され、「立憲主義を守れない与党に改憲論議をする資格はない」との声が大きく上がった。

## 秋の発議は絶望的か

自民党が改憲案の審議を狙う衆参の憲法審査会は、今国会では参議院で自由討議が1回開かれただけで、衆議院では再開のめどすら立っていない。連立与党の公明党も来春に統一地方選を控え

2018年6月10日、国会正門前に2万7000人が結集した市民集会のステージ

て改憲論議には消極的で、憲法審査会で「改憲手続法」（国民投票法）の微修正案の審議を優先させると主張し、改憲原案の審議には踏み込もうとしていない。9月の自民党総裁選で安倍3選が実現したとしても、もはや秋の臨時国会での改憲発議は絶望的な情勢だ。

来年の通常国会は3月までは予算審議が優先され、3月末から統一地方選挙、4月末前後は「天皇代替わり行事」と国会日程は極めてタイトで、このままでは19年の参議院選挙までは改憲論議になりにくい。参院選で改憲与党が3分の2議席を得ることができるかどうか、結果如何では国会での改憲発議すら不可能になる。

たとえこの時点で改憲派が両院の3分の2の議席を持っていたとしても、20年夏には「東京五輪」が予定され、国会の大幅延長は不可能で、熟議を経て両院で改憲案を採決し、発議することは容易ではない。発議を強行しても国民投票運動期間は法律で60日から１８０日とされ、20年中の国民投票実施と改憲憲法施行はほぼ不可能だ。改憲派としても国論を2分する改憲問題で強行採決した後の国民投票は避けたいだろう。

この状況にいらだつ日本会議の櫻井よしこ氏らは、先ごろ「国会よ、正気を取り戻せ」との意見広告を右派系各紙に掲載して、「多くの野党、メディアはモリカケや自衛隊日報の『疑惑』追及に明け暮れ、事の軽重を完全に見失っている」、野党の目的は「安倍首相の掲げる憲法改正阻止にあるのではないか」と嘆いた。

櫻井氏らの「美しい日本の憲法をつくる国民の会」の改憲署名運動は開始から約4年を経た今年4月末で１０００万に達したと発表されたが、「安倍9条改憲NO！ 全国市民アクション」の署名運動は開始後8カ月の4月末で１３５０万に達し、引き続き３０００万をめざしてつづけられている。全国の草の根で安倍改憲を目指す勢力と、それに反対し、9条を生かそうとする勢力の激突が続いている。

# 改憲の時代錯誤示す米朝会談

（2018・7・6）

2018年6月12日、史上初の米朝首脳会談が開かれ、共同声明が発表された。

共同声明では①新たな米朝関係を確立する、②朝鮮半島において持続的で安定した平和体制を築く、③4月27日の「板門店宣言」を再確認し、北朝鮮は朝鮮半島における完全非核化に向けて努力する、などを確認した。

共同声明は朝鮮戦争以来、70年近くにわたって武力で対峙してきた両者が、以降、「持続的で強固な平和体制構築」と「朝鮮半島の完全非核化」に向かって進むことを明らかにした。声明は「朝鮮半島と世界の平和と繁栄」に向かっての歴史的な一歩であり、「朝鮮半島における持続的な平和体制を築く」ための両者の約束だ。すでに会談に先立って北朝鮮はミサイル実験施設と核実験施設の破壊に着手した。トランプ大統領は会談後、「交渉継続中の米韓合同軍事演習の中止」を表明した。

この共同声明は昨年末当時の朝鮮半島での熱核戦争の可能性を含む一触即発の危機の情勢を考えると、今昔の感に堪えない。

この歴史的変化を主導したのは韓国のキャンドル革命が生み出した文在寅大統領だった。彼は「朝鮮半島に平和を築くためなら、どんなことでもする」と宣言して、懸命の努力を積み重ね、南北「板門店宣言」の合意を実現した。

## 会談の最中に偵察衛星

この北東アジア情勢の歴史的転換に際して、日本の安倍政権はまったく「蚊帳の外」にあった。安倍政権は拉致問題を口実に、硬直した「対話拒否、圧力一辺倒」路線をとりつづけた挙句、トランプ大統領のツイッターに振り回され右往左往し、事態の打開に何らの積極的な役割を果たすことができなかった。安倍政権は、始まった北東アジアの歴史的プロセスに困惑し、「拉致問題は最重要課題」などとつぶやきながら、おずおずと米国に追従することしかできない。

　この期に及んでも日本政府は従来の北朝鮮敵視政策を改めようとしていない。6月22日、政府は北朝鮮の弾道ミサイル発射を想定したJアラートによる避難訓練の中止を発表したが、安倍政権は憲法第9条に自衛隊を書き込むという改憲路線にこだわり、朝鮮半島を射程に入れた地上配備型ミサイルシステム（イージス・アショア）の導入を推進し、オスプレイの配備やヘリコプター搭載空母の建造、沖縄の辺野古の新基地建設などを推し進めている。米朝会談の最中には朝鮮半島を対象にした軍事偵察衛星を打ち上げるという挑発行動まで行なった。

　いま始まった朝鮮半島の平和構築と完全非核化の歴史的プロセスに際して、日本政府が何らかの肯定的な役割を果たそうとするなら、この間の硬直した北朝鮮敵視政策を転換し、02年9月の日朝平壌宣言に基づいた過去の歴史的清算と国交正常化交渉を再開することだ。「拉致問題」の解決もこの過程でこそ解決されるべきものだ。

　また、朝鮮半島の非核化が現実的な課題になっている現在、昨年7月、日本が国連で核兵器禁止条約に反対したことを撤回すべきだ。条約を支持した122カ国は東南アジアや中東、中南米、アフリカ地域が中心で、いずれも「非核兵器地帯」が設立されているか、設立に向けての構想が進んでいる諸国だ。米朝共同声明は、非核化される朝鮮半島と、「非核3原則」を「国是」としてきた日本による北東アジア非核兵器地帯構想を現実の課題としている。日本は核兵器禁止条約に加盟し、米国の核の傘から離脱しなくてはならない。

　15年来、安倍首相が憲法第9条に自衛隊の根拠規定を付加する改憲の主張をしてきたことも、この新しい情勢にあっては逆流にほかならず、もはや時代錯誤の代物だ。安倍首相らは北東アジアの緊張を煽り立てる9条改憲の愚行を断念すべきだ。

**アベさんに**
**国を任せている**
**それだけでもう**
**バクチは十分です**

【主張するネコたちのこと】より

# 改憲手続法改定は先送りに

（2018・7・20）

7月5日午前、憲法改正手続法（いわゆる国民投票法）の一部改正案の審議のための衆議院憲法審査会が開かれた。改正案は自公与党と日本維新の会、希望の党の4党が共同で提出した。5日は質疑を行なわず、提案者を代表して自民党の細田博之・憲法改正推進本部長による趣旨説明のみを実施、開会後、数分間で終了した。与党は同法の成立を、秋に想定される臨時国会に先送りする方針だ。

今年の通常国会では衆議院憲法審査会はこの日の会議と5月17日に行なわれた幹事の補欠選任の会議のみで、実質審議は一度も行なわれていない。改正案は2016年に改正された公職選挙法の内容を改憲手続法に反映させ、1駅や商業施設などの共通投票所設置2期日前投票の投票時間の弾力化3投票所への18歳未満の同伴容認などを可能にし、「有権者が投票しやすい環境を整える」ためのものとされている。

今年の通常国会の衆院憲法審査会の運営を相談する幹事懇はこの法案の扱いをめぐって揺れ続けた。15年の安倍首相の9条改憲発言以降、自民党などによる一方的な改憲促進の動きを警戒する野党の抵抗で、両院の憲法審査会はほとんど開かれていない。そこで自民党は3月の党大会で合意した「改憲4項目」案の国会審議を進めるために、憲法審査会の再起動をねらって、枝葉末節の微修正に過ぎない一部改正案の審議を提起した。これはすでに国政選挙に導入されている仕組みを改憲国民投票にも反映させようとしたもので、内容自体には野党からもあまり異論は出ていない。同法のより重大な問題点は、本誌5月25日号で指摘したように、①公務員等の地位利用の規制等のあり方、②スポットCMの規制のあり方、③最低投票率の導入などの諸問題の抜本的改正の必要にあり、自民党の提案は憲法審査会の再開をねらった問題のすり替えだ。

## 苛立つ首相の暴言も

　憲法審査会は00年の憲法調査会発足以来、初代会長中山太郎のイニシアティブのもとで、他の委員会とは異なり「合意の形成」を重視し、「政局と切り離し」て「静かな環境で憲法を論じる」ことを建前として運営されてきた。野党の側が今国会での審議の強行に反対したのは、安倍政権による「森友・加計疑惑」「働き方改革法案」など国会が大きく荒れている中で、慎重審議を求めてきたにも拘わらず、与党が審査会の再開を急いだためだ。この結果、一時は法案の共同提出に合意した野党の立憲民主、国民民主も同調を拒否するにいたった。共産、社民両党は「改憲に利用される」との立場から提出に反対。この間、市民運動や弁護士会（例えば6月27日の日弁連会長声明）からも批判が相次いだ。

　こうして、延長国会も終盤になって「実質審議に入らない」という約束で、前記の4党共同提出になった。結局、同法改正案の審議は秋の臨時国会以降に持ち越された。だが、臨時国会で審議をするにしても、一部改定か、同法の根本的欠陥を改正する抜本的な見直しかの問題は終わっていない。すでに国会外の市民諸団体のみならず、与党内からも「スポットCMのあり方」などについて見直しの声が上がり始めている。自民党安倍執行部が企てる一部改正案を早急に片づけて「自民党改憲案の審議」へ入るという道のりは容易ではない。

　この状態への苛立ちを反映して、7月3日、首相は自民党国対幹部らとの懇談で「立憲民主党と共産党がいるかぎり全会一致の議論は無理だ」などと語ったとされる。これは行政府の長がいうことではない。それでも改憲を諦めない首相は、4日、さいたま市内で開かれた自民党の会合で「自衛隊の存在を位置づけることから始め、（憲法）改正を進めなければならない」と強気の発言をした。

私達の国の
戦後の悲しみは
加害者であったことは忘れ
被害者として生きたことでした
今また　この国は
被害者になる恐怖から
加害者に加担する
そんな戦前を生きています

【主張するネコたちのこと】より

# メディアの報道と市民運動（2018・8・3）

大手の新聞やテレビの報道から、憲法問題や安倍政権批判の市民運動に関するニュースが急速に減少しているように感じる。

直近でいえば、戦争させない・9条壊すな！総がかり行動実行委員会が主催し、22の市民団体が賛同して開催された「安倍政権の即刻退陣を要求する7・19国会前大行動」には、約8500人の市民が参加し、野党からは立憲民主党、共産党、国民民主党、無所属の会、社会民主党、沖縄の風の4党2会派の代表が参加した。

市民団体も山城博治さん（基地の県内移設に反対する県民会議）、山口宏弥さん（安保法制違憲訴訟原告・元パイロット）、木村真さん（豊中市議、「森友学園問題」を考える会）、廣渡清吾さん（安全保障関連法に反対する学者の会）、山浦康明さん（TPPプラスを許さない！全国共同行動）、中原のり子さん（全国過労死を考える家族の会）、棗一郎さん（日本労働弁護団）など、各界の運動代表が発言した。

当日、参加者は一昨年来繰り広げられた韓国のキャンドルデモから送り届けられたLEDのキャンドルを掲げ、行動した。この集会にはテレビ各社の取材はなく、新聞は『東京新聞』『毎日新聞』が報道しただけだった。この市民行動は報道する価値がないのか。

荒れた通常国会の最終盤で、野党各党の代表がそろって参加し、今国会で問題になった課題に取り組む市民運動が協力して開催し、切実な声をあげたデモであった。

メディア側にはいつもの団体がいつものように抗議をしているだけで、ニュースに値しないという理由があるのかもしれない。しかし、そんな判断があるとしたら見当違いなのではないか。

今回の市民行動がモリカケをはじめ、公文書の改竄・隠蔽などが相次いだことで安倍政権の腐敗、人権侵害が大きな問題となったこの国会情勢

郵便はがき

恐れいりますが
切手を貼って
お出しください

101-0061

千代田区神田三崎町 2-2-12
エコービル1階

**梨 の 木 舎** 行

★2016年9月20日より**CAFE**を併設、
新規に開店しました。どうぞお立ちよりください。

---

お買い上げいただき誠にありがとうございます。裏面にこの本をお読みいただいたご感想などお聞かせいただければ、幸いです。

| お買い上げいただいた書籍 |
| --- |
| |


梨の木舎

東京都千代田区神田三崎町 2—2—12　エコービル 1 階

TEL　03-6256-9517　FAX　03-6256-9518
E メール　info@nashinoki-sha.com


(2024.3.1)

| 通信欄 |
| --- |
| |

の中でどういう意味を持つのか、キャッチする感性があってもいいではないか。

## 「1人でも発信し続ける」

あまり報道されないが、いま全国各地に市民運動の力強い胎動がある。国会周辺だけを見ても２０１５年９月の安保法制（戦争法）の強行採決に抗議し、翌月から始まった19日行動はこの７月で34回。この行動は毎回数千人から万単位の結集で継続されてきた。

2018 年 7 月 19 日、国会前で行われた「安倍政権の即刻退陣を要求する国会前大行動」でカチャーシー。（撮影／川上芳明）

この通常国会では９条改憲反対、安倍政権の退陣を求める行動が４月14日に約３万人、５月３日に約６万人、６月10日に約２万７０００人と、国会周辺などで展開された。森友、加計の疑惑に抗議し、毎週木曜夕刻に行なわれた国会前行動は３月以降、数百から数千人の参加で16回実施された。

そのほかの行動も含めると、ある調査によれば、この通常国会１８２日の期間に総がかり実行委員会の行動は47回、およそ４日に１回のペースで行なわれている。

昨年秋から始まり全国で繰り広げられている「安倍９条改憲NO！ 憲法を生かす全国統一署名」の運動もある。署名は４月末現在で１３５０万筆が集計され、３０００万筆の目標達成に向けてさまざまな運動が展開されている。

１人で街頭に立ったり、住宅地を戸別に訪ねたり、歩けないからと友人に手紙を送ったりして集められる９条擁護の署名運動は、あまり目立たない活動だが、憲法に関する全国市民総対話運動であり、力づよい運動になっている。

このところ、15年安保の運動を前後する時期からの市民運動の特徴の一つに「１人でも街頭などで市民に発信し続ける」というスタイルがある。手製のプラカードを掲げたり、Tシャツに文字をプリントしたり、カバンなどにタグをつけてアピールする、などだ。

こうした無数の市民の草の根の行動で、市民社会には地殻変動が起きている。この胎動を感知できるようなメディアのアンテナが問われている。

# 9条改憲で党内対立の総裁選（2018・8・31）

安倍首相は総裁選を約1カ月後に控えた8月12日、地元山口県下関で講演し、今年秋の臨時国会に自民党改憲案を提出する意向を表明した。総裁選で圧勝することで、首相の意に反して停滞する改憲論議を加速させ、できるだけ早く改憲の発議に持ち込みたい考えだ。

講演で首相は、今年3月の党大会でまとめた自民党の改憲4項目の「たたき台素案」をあげ、「いつまでも議論だけを続けるわけにはいかない」と強調。「すべての自衛官が誇りを持って任務を全うできる環境を整えることは、政治家の責任だ。憲法のなかに（略）自衛隊をしっかりと明記することで私はその責任を果たしていく決意だ」と述べた。これは党内の改憲案作成のための議論がいまだに「たたき台素案」にとどまっていることへのいら立ちの表明だ。安倍首相は総裁選に対立候補として名乗りをあげた石破茂・元幹事長を意識して、彼の憲法論をたたくことで党内をまとめ、他党との連携に進んでいきたいと考えている。

これに対して石破氏は、12日、首相の発言に対して「党議決定もしていない。最低限、党議決定のプロセスが必要だ」とその党内手続きの乱暴さを指摘した。16日には、「ありえない。総裁の考えを一度も提示しないままに『議論は尽くされた』とはどういうことか」と強く批判した。石破氏は9条改正には「丁寧な手続きが必要」であり、「憲法改正は、急ぐものや多くの党の理解を得られるものからやろうということだ」とした。

石破氏の改憲論は「参院選の合区解消」や「緊急事態対応」条項を優先すべきで、「（9条改正は）優先順位が高いとは思われない」「（安倍氏は9条に自衛隊を書き加えても何も変わらないと説明するが）何も変わらないという改正はすべきではない」というものだ。そして「秋に（改憲案を）出すというのはスケジュールありき。民主主

2018 年 8 月 19 日、安倍 9 条改憲 NO! 辺野古新基地建設反対！ 国会議員会館前行動に約 2700 人の市民が参加

義の現場を理解していないとしか思えない」と異議を述べた。

石破氏は安倍首相のこの間の政治をあざ笑うかのように「正直で公正な政治」を公約の冒頭に掲げた。これに対して、安倍首相は「現職がいるのに総裁選に出るというのは、現職に辞めろと迫るのと同じだ」と述べ、党内民主主義の建前すらかなぐりすてて、露骨に石破陣営つぶしに出ている。

## 社会的激突は必至

ここまで党内対立を深めたうえで、もしも石破氏に一定の支持が集まるなら、総裁選に勝ったとしても安倍首相の改憲論は不安定なものとならざるをえない。

３選を果たしても安倍首相が企てる憲法審査会での改憲原案提出と審議にはいくつものハードルがある。①１９６通常国会で改憲手続法の一部修正案の審議を積み残した。この議論を与党のいう公選法改正との整合性にかかわるものだけにするか、立憲民主党など野党のいうテレビＣＭの規制など、他の問題条項の改定の議論にするのか、②自民党単独ではなく、現在のたたき台素案を、公明党の同意を得られるような案にまとめ上げることができるか、③できるだけ与党以外の他の政党（維新や希望など）の合意をえて、憲法審査会に提出する改憲原案を作ることができるか――などの問題がある。

これらのハードルをクリアして、秋の臨時国会と２０１９年の通常国会で議論をしたうえで、いつ発議ができるか。強行したとしても、国民投票に持ち込めるか。現行法では国民投票運動期間は２カ月以上、６カ月以内だ。４月が統一地方選、５月初めは天皇代替わり、７月が参議院議員選挙だ。日程は極めてタイトだ。

国会外では沖縄のたたかいに呼応する全国での市民の行動とあわせて、「安倍９条改憲ＮＯ！」の３０００万人署名運動など市民による改憲反対運動は広がっている。この秋、９条改憲をめぐる社会的激突は必至だ。

# 麻生派提言は「悪魔のささやき」（2018・9・14）

自民党の総裁選挙で「憲法改正」が主要な争点になったのは今回が初めてだ。安倍晋三首相は総裁選直前には、秋の臨時国会に自民党の改憲原案を提出すると述べた。

さきに自民党麻生派は安倍氏支持のための政策提言で「（参院選で改憲派が3分の2を割り込めば改憲発議ができなくなるので）改憲の国民投票を来年夏の参議院選挙までに実施する」よう求め、安倍首相はこれに賛意を示した。

一方、石破茂元幹事長は、「正直・公正」を掲げて安倍政権の政治姿勢を厳しく批判しながら、改憲問題で急ぐべきは参院選の合区解消と大規模災害に備える緊急事態条項の創設だと主張。自衛隊明記の改憲には緊急性がなく、時間をかけて9条2項削除、軍の保持を定めるべきだと主張した。

安倍首相は「国民が（憲法改正の是非を問う）国民投票をする権利を奪うことは、国会のサボタージュとなる」（『産経新聞』9月1日付）と強調した。しかし、私たちには「憲法改正国民投票」に反対する「権利」もある。この「権利」を行使するかしないかは、主権者が決めることだ。

『産経新聞』は、8月28日、「自衛隊明記の意義を説け　ゴールは『2項削除』と確認を」との主張を載せ、「国民投票で自衛隊明記を決めることは、命をかけて日本と国民を守る自衛隊を国民が支える意思表示にもなる」と述べた。そして「9条2項を削除して自衛隊を軍に改め……るようにすることが憲法改正のゴールであるべきだ。衆参各院での3分の2勢力の形成に必要な公明党の理解がすぐに得られる段階ではないが、これなくして、日本の安全保障改革は完成しない」と露骨に本音を述べた。

安倍首相は26日、あらためて改憲を訴え、「今まで以上に全ての人生を懸け、努力を重ねる」と前のめりな発言をした。それでいて「（憲法改正の国民投票について）日本をどのような国にしていくかという観点から1票を投じるものだ」「政権選択の投票でないと明確にしないといけない」（『読売新聞』31日付）などとして、投票結果は自らの進退に直結しないとの予防線をはるのを忘れなかった。

## 改憲へ暴走する首相

　安倍首相はかつて総裁選での一般党員票で石破氏の得票を下回ったことを想起しながら、今回は全力で党内の抵抗勢力である石破氏を叩き潰して、その勢いで改憲に向かって暴走しようとしている。しかし、たとえ党員票の多数を獲得したとしても、党内に安倍9条改憲と安倍政治に抵抗感を持つ勢力が相当数存在することを示したことになり、9条改憲に消極的な連立与党の公明党などの動向にも重大な影響を与えかねない。

【主張するネコたちのこと】より

　臨時国会に自民党改憲案を提出しても、世論の支持は極めて厳しい情勢だ。共同通信社の8月の世論調査でも、提出に「反対」が49・0%、「賛成」が36・7%。参院選前に改憲国民投票を実施するためには、現行の改憲手続法（国民投票法）によれば国会の発議（改憲案採決）後、投票日までに60日〜180日の「国民投票運動期間」を設けなければならない。憲法の根幹にかかわる9条などの課題の改憲国民投票を最小限度の60日で行なうということは、熟議を尽くすという法の本来の趣旨からしてあり得ないことだ。参院選前の発議が日程から見ても困難極まりないことは、この間、本欄で指摘してきたので繰り返さない。

　臨時国会は10月からになるといわれる。憲法審査会の議論は前国会で継続審議にした改憲手続法の改正法案の議論から始めなくてはならない。野党は同法の他の条項の改正も求めている。この議論は容易ではない。

　改憲発議を強行採決で行なえば、国民投票で世論が反発するのは必至だ。盟友麻生派の「提言」は、安倍首相にとって難局に誘われる「悪魔のささやき」ではないか。

# 議員会館で止められた澤地さん（2018・9・28）

9月14日午後、参議院議員会館で「九条の会」が記者会見を行ない、「9条改憲NO！の巨大な世論の輪を～自民党総裁選・臨時国会を前にして」と題するアピールを発表した。

出席したのは九条の会「呼びかけ人」の澤地久枝さん（作家）、や「世話人」ら8名。折からの自民党総裁選を利用して安倍晋三首相が改憲のテンポを一層早め、次の臨時国会の期間中にも自民党改憲原案を提出しようとしている動きに対する同会の深刻な危機感の表明と市民への行動の呼びかけのために設定された。

アピールは、安倍首相の臨時国会への改憲原案提出発言と、自民党麻生派の「来年の参議院選挙までの国民投票実施」という提言を安倍首相が受け入れたこと、総裁選対抗馬の石破茂氏が「9条2項削除による改憲」と「緊急事態条項導入などの改憲」に意欲を示していることなど、候補のいずれもが改憲をめざしていることを厳しく批判した。

そして、いま「九条の会」などが進めている安倍9条改憲NO！の「3000万人署名運動」を大きく盛り上げることで、来年夏の参議院議員選挙で改憲派に3分の2議席を獲得させないことをめざして行動することを呼びかけた。

## 憲法タグが入れない

出席者から注目すべき発言があった。澤地久枝さんは、安倍首相の憲法9条改悪の動きに危機感を表明した後、次のように発言した。

〈過日、ハンドバッグに俳人の金子兜太さんが揮毫した「アベ政治を許さない」と書いた小さなタグをつけたまま衆院議員会館に入ろうとしたら、警備員にタグを外すよう要求された。（澤地さんは）時間がないので「あえて逆らわずにバッグに入れたが、一人ひとりの有権者が政治についてどう考えようと自由なはずだ。これが禁止され

るのはとんでもない。時勢はどんどん悪くなり、憲法を守ろうという言論が封殺されてしまっている」と強く抗議をした〉

議員会館を訪ねた市民がタグやバッジを衣服やバッグに付けていた場合、会館への入場が衛視によって阻止される事件は、この数年来、ずっと続いている。Tシャツに「9」という文字が染めこんであっても止められる。かつては怒った市民が「脱いで裸になれというのか」と抗議したこともあった。この場合、上着を羽織らされることもあった。筆者はいつも背中のザックに「9」と書いたタグをつけているが、これも咎められる。会館の中でデモをやるわけでもなく、日常の生活のなかで身につけている小さなタグのことだ。しかし、多少押し問答するが、頑として入場を阻止される。会議などで来ているので、屈辱的なことだが、遅れてしまうからやむなくザックにしまって入場することになる。

「9」はだめで上下さかさまの「6」はいいのか、とか、「1」とか「2」とかの数字はどうなのだ、とか、「だいたい、憲法擁護義務のある国会議員が使用する会館に『憲法を守れ』の文言は入れないというのはおかしい」などなど、市民の抗議で会館の入口ではしばしばもめ事が起きている。今回の澤地さんの件はそうした数多い不当な制限の延長にあるものだ。

それでいて「北朝鮮拉致被害者救出運動」の「ブルーリボンバッジ」を付けた人々は堂々と入館しているのだから、あまりにも恣意的だ。憲法21条の言論・表現の自由に反する不当な制限の問題はこのままにしておくことはできない。

記者会見で「世話人」の浅倉むつ子氏（早稲田大学教授）は「人権のことをわかっていない人が政権の中枢にいることが、世の中を暗くし、おかしくしている。こんな人権無視の安倍政権に改憲を許すようなことがあってはならない」と発言したが、澤地さんのタグへの不当な干渉も、人権が無視される風潮の1例ではないだろうか。

記者会見に臨んだ「九条の会」の呼びかけ人・世話人ら（2018 年 9 月 14 日、東京・永田町の参議院議員会館）

# 二つの選挙が示す安倍改憲ノー（2018・10・12）

9月20日の自民党総裁選では安倍晋三総裁が3選を果たした。しかし、報道によれば当選直後の安倍氏の表情は硬く、高揚感はなかったという。実際、投票の結果を見ると、自民党員の中には安倍体制への批判や不満が驚くほど根強く存在することが示されている。

露骨な脅し、すかしも駆使して現職国会議員票では圧勝したとはいえ、党員・党友票では、現職首相という有利な立場にあるにも拘わらず、投票数の約55％の35万余票だった。しかも、党員・党友票の数は104万2647人、投票率が61・74％。約4割に近い党員・党友が投票しなかったのだ。これがいわゆる名前だけの「幽霊党員」の故か、あるいは「安倍批判」の故かはわからない。いずれにしても安倍氏の得票数の35万5497票は自民党の党員・党友の約34％にすぎないということだ。安倍首相が勝利したとはいうものの、全自民党員・党友の3分の1にしか支持されていないということだ。なんと、お寒いことか。虚構の「安倍一強体制」の「終わりのはじまり」なのではないか。

安倍首相は先の通常国会で期待した改憲論議がほとんど行なわれなかったことなど、彼が描く改憲のタイムスケジュールからみると大幅に遅れている事態を、総裁選で圧勝することで転換しようとした。この秋の臨時国会に自民党の改憲案を出すという。あわよくば来年の参院選前に改憲国民投票を強行することすら考えている。

しかし、各種の調査で明らかなように、いま世論の大多数は改憲を緊急課題とは考えていない。連立与党の公明党や自民党のなかからさえも、その拙速ぶりに疑問が表明されている。「9条改憲を急がない」と主張した石破茂氏の「善戦」はその一つのあらわれだ。憲法違反の指摘さえある首相の前のめりな改憲発言は、なんとしても自分の任期中に改憲を実現したいとの思いからだ。こうした「安倍首相による、安倍首相のための改憲」、自分本位の憲法のもてあそびは立憲主義から見て許されない。

## 沖縄の民意の表れ

さらに、安倍首相にとって本年の最重要選挙であり、総裁選直後の沖縄県知事選で、辺野古新基地建設反対を掲げた玉城デニー候補が39万６０００余という同知事選の過去最多の票を得て当選したことは、今後の改憲戦略にとっても重大な躓きとなるものだった。急逝した翁長雄志前知事は今年の6月23日の慰霊の日のスピーチで辺野古新基地建設に反対する理由の一つを以下のように述べた。

私たちが賢ければ
良い政治家を選び
私たちがおバカならば
ダメな政治家を選ぶ
それが自己責任
それが民主主義
【主張するネコたちのこと】より

「昨今、東アジアをめぐる安全保障環境は、大きく変化しており、先日の、米朝首脳会談においても、朝鮮半島の非核化への取り組みや平和体制の構築について共同声明が発表されるなど緊張緩和に向けた動きがはじまっています。平和を求める大きな流れの中にあっても、20年以上も前に合意した辺野古への移設が普天間飛行場問題の唯一の解決策と言えるのでしょうか。日米両政府は現行計画を見直すべきではないでしょうか。民意を顧みず工事が進められている辺野古新基地建設については、沖縄の基地負担軽減に逆行しているばかりではなく、アジアの緊張緩和の流れにも逆行していると言わざるを得ず、全く容認できるものではありません」

これは時代の流れに逆行して、北朝鮮の核・ミサイルの危機を口実に辺野古新基地建設を正当化したり、９条改憲を進めようとする安倍首相への痛烈な批判だった。この翁長前知事の決意を受け継いでたたかった玉城氏の当選は沖縄の民意の表れだ。

ちなみに総裁選で沖縄の党員・党友投票で安倍首相は石破氏の1・5倍程度の得票で優勢だったとはいえ、投票率はわずか38・94％で、全国都道府県中最下位だった。沖縄では民意と大きくかけ離れた存在であることが証明された。

# 11月3日を前にして（2018・11・2）

11月3日の憲法公布記念日を前に、改憲をめぐる動きが目まぐるしくなってきた。日本国憲法の平和主義は公布以来、最大の危機に立っている。

9月の総裁選を受けて発足した第4次安倍晋三内閣と自民党の新執行部体制は「改憲シフト」と呼ばれるように、要所要所が改憲強硬路線で知られる安倍首相の側近で固められた。

首相の側近で自民党憲法改正推進本部の本部長についた下村博文・元文科相は、自らも衆院憲法審査会の幹事に就任した。憲法審査会の与党筆頭幹事にはこれも首相の側近の改憲右派で知られる新藤義孝・元総務相（自民党改憲推進本部長代理）を充て、これまで与党筆頭幹事だった自民党「憲法族」として知られた中谷元・元防衛相と船田一・元経企庁長官らを幹事から外した。これらの憲法族の人びとは憲法調査会時代以来、当時の中山太郎会長の薫陶を受け、与野党協調路線を進めながら改憲への階段を慎重に一歩一歩と上ってきた人々だ。船田氏は「国民投票で過半数は得られなくなる」（同氏のブログ）などと反発している。

安倍首相は新たな体制で当面の臨時国会と、来年の通常国会での改憲発議に向けた動きをすすめようとしている。

## 草の根と国会の連帯を

はたして安倍首相のこの改憲前のめりの強硬路線は功を奏するのか。すでに協調を最優先すべき与党公明党も及び腰で、「急がば回れだ」（斉藤鉄夫幹事長）などと発言しているし、野党各党からも「右を向くような人たち」（小池晃共産党書記局長）などと厳しい批判が相次いでいる。側近で固めたように見える安倍改憲シフトは、重大な脆さをはらんでいる。

臨時国会で自民党は前通常国会でも野党の抵抗でほとんど機能しなかった憲法審査会を再起動さ

せようとしている。しかし、憲法99条の憲法尊重擁護義務に違反して自衛隊の観閲式で9条に自衛隊を書き込むなどの改憲案を実現するなどと演説する首相の下で、憲法審査会を動かしていいはずがない。

自民党の下村改憲推進本部長は10月19日、公明党の北側一雄憲法調査会長と会談し、臨時国会で「国民投票の利便性を高めるための国民投票法（改憲手続法）改正案」を成立させるとともに、憲法審査会に、「自衛隊の明記」など4項目の自民党の改正案の提示を目指す方針を伝え、理解を求めた。北側氏は、「野党側の反発も予想され、容易ではない」と述べた。立憲民主党の枝野幸男代表は「（国民投票運動期間中のテレビCMの規制強化など）欠陥を埋めなければ国民投票はできない」と主張し、同法の大幅改定を求めている。

「安倍９条改憲 NO!　辺野古新基地建設は断念を!」と約 2900 人が参加した 2018 年 10・19 国会前行動（提供／金浦蜜鷹）

臨時国会で憲法審査会を始動させても前国会で継続審議にされた「国民投票法」の改定論議から始めなくてはならない。自民党はそれでも憲法審査会を動かして、「自由討議」の場で自民党改憲案の説明を一方的に行ない、ともかくも改憲案を審議のベースに乗せたという形をとろうとするに違いない。しかし、「自民党改憲案」とはいっても、先の総裁選で石破茂氏が指摘したように、同党の総務会での議論すら経ていない「たたき台」でしかない。これを一方的に「提示」しても、国会内外で議論が紛糾することは疑いない。

この11月3日は沖縄の知事選などの勝利を追い風にして、東京の国会正門前での大集会をはじめ、大阪、名古屋など全国各地で安倍9条改憲に反対する大規模な集会やデモが行なわれる。改憲に反対する「全国統一署名」運動は、全国の街頭で連日繰り返され、津々浦々での戸別訪問による署名運動へと発展している。この草の根の運動が立憲野党の国会内でのたたかいと結びついたとき、9条改憲反対の世論は一層高まり、安倍首相が企てる改憲発議は困難になるだろう。

# 99条違反で改憲に暴走する首相（2018・11・16）

安倍晋三首相は10月24日、第197回臨時国会の所信表明演説で「（日本国憲法）制定から70年以上を経た今、国民の皆様と共に議論を深め、私たち国会議員の責任を、共に果たしていこうではありませんか」と改憲を呼びかけた。これに対して国会内外から「憲法99条の憲法尊重・擁護義務に反する」と厳しい批判が沸き起こると首相は30日、「99条は憲法改正について検討し、主張することを禁止する趣旨のものではない」と反論した。

しかし、これは屁理屈そのもので、99条の尊重・擁護義務は憲法の「最高法規」の章で定められている厳粛なものであり、96条の「改正手続」では国会にのみ発議権を委ねている。首相が国会に対し、「改憲の議論を深め責任を果たそう」などと呼びかけたのは明白に99条、96条に反している。かつて国会でこれほど露骨に改憲の推進を呼びかけた首相は、過去の安倍氏自身を含め絶無だ。

これには自民党の長老、伊吹文明・元衆院議長なども疑問を呈し、「首相には焦燥感がある」と指摘した。長期政権と、与党が国会で3分の2の議席を持っていることからくる驕りで、自らライフワークにしている改憲をしゃにむに進めようとする安倍首相の発言は各所でハレーションを起こしている。

与党・公明党の斉藤鉄夫幹事長までもが「与野党の幅広い合意があって、初めて国民投票は成立する。まだ幅広い合意が形成されている状況ではない」と疑問を呈した。各種メディアの世論調査では、そのほとんどが自民党の改憲案をこの臨時国会に出さない方がいいという意見が多数を占めており、急いでいるのは安倍首相のみだ。いま国会で自民党が進めようとしている改憲は「安倍による、安倍のための改憲」、そのものだ。

安倍9条改憲への反発が広範に存在することにおそれをなした下村博文・自民党改憲推進本部長

2018年11月3日の「国会前大行動」で、ＩＣＡＮが受賞したノーベル平和賞のメダルを掲げて発言するピースボート共同代表の川崎哲さん（提供／川島進）

は、11月3日、北海道での講演で「『憲法改正には賛成だが、安倍政権の下では議論したくない』という人が多い。いわゆる『安倍色』を払拭し、自民党全体でしっかり対応していくことが必要だ」と語った。下村氏は自他共に認める安倍首相の腹心で、「安倍色」が最も強い人物の一人であることはいうまでもない。これには早速、石破茂・元幹事長が「安倍色を払拭するのであれば、だれが自民党案について責任をもって語るのか」とパンチを放った。

## 3日、全国で市民が集会

安倍首相が憲法を蹂躙しようとしていることに怒った市民は3日、憲法公布記念日に全国各地で一斉に抗議の行動に立ち上がった。憲法問題を主としたテーマに掲げた大規模な統一行動は今年の5月3日の憲法施行記念日以来だ。

東京では国会議事堂の正門前を中心にして約1万8000人の市民が結集して「止めよう！改憲発議～この憲法で未来をつくる、11・3国会前大行動～」を開いた。集会では立憲民主、国民民主、共産、社民の各党の代表が連帯の発言をした。大阪でも約1万2000人が集会を開いたほか、京都、名古屋、広島など全国各地で市民による大小の集会や行動が数多く開かれ、安倍政権と与党による改憲発議を阻止する決意を示した。

これに対して自民党は10月29日、各都道府県連と各選挙区支部に指示をだして、全国289の衆院小選挙区に「憲法改正推進本部」の設置を要請した。民間団体との連絡会議を設立しながら、自民党の改憲条文案の研修会や街頭演説などにきめ細かく取り組んでいくという。

今後、国会での自民党改憲案の「提示」や「発議」、あるいはその公平・公正性が問題になっている改憲手続法の抜本的な改定などをめぐる国会での立憲野党との対立の激化と併せて、全国各地の草の根で改憲派と改憲反対派の運動の激突が予想される。

# 自民党の野党分断策は失敗

（2018・11・30）

臨時国会での自民党の憲法改正案（改憲4項目条文イメージ案）の提出と、改憲論議の促進のために、早期の憲法審査会再開を狙う自民党の目算が大きく揺らいでいる。第4次安倍改造内閣を支える新自民党執行部体制の中で、「改憲シフト」の目玉といわれ、安倍晋三首相の期待を担って就任した下村博文・自民党憲法改正推進本部長が、とんでもない発言をして、野党を怒らせた。憲法審査会の再開が思うようにすすまない状況にいらだった下村本部長は、11月9日のテレビの番組で「高い歳費をもらっているにもかかわらず、国会議員として職場放棄してもいいのか」などと発言した。

これは野党に対するまったく見当違いな非難だ。臨時国会で憲法審査会が開催されないでいる原因は、安倍首相が所信表明演説などで憲法審査会での改憲論議の促進を要求するなど、憲法99条違反にとどまらず、三権分立の原則すら踏みにじる改憲発言を繰り返していることにある。こうした安倍首相の発言には自民党内部も含めて、各界からさまざまな批判が噴出している。

## 憲法審査会めど立たず

下村発言は問題のありかをすり替えて野党側に責任を転嫁し、「職場放棄」などと暴言を吐いた。結局、下村氏は「反省」を表明し、就任が予定されていた衆院憲法審査会の自民党側の幹事を辞退することになった。しかし、下村氏は憲法審査会の委員には残留し、党の憲法改正推進本部長も続ける構えだ。この結果、11月下旬にいたるも、いまだ憲法審査会の再開のめどは立っていない。

さきに自民党は憲法9条への自衛隊の明記など4項目の「条文イメージ案」を作ったが、安倍首相らはこれを今臨時国会で「提示」し、来年の通常国会と併せて2国会で改憲論議をしたとの実績を作り、その先に改憲案の発議、改憲国民投票を

市民連合との意見交換会。5党1会派の幹事長・書記局長と国対委員長。2018年11月16日、衆議院第一議員会館

狙っている。しかし、たとえ臨時国会で憲法審査会を強行再開しても、初回は幹事の選任など事務手続きがある。くわえて先の通常国会の憲法審査会で継続審議になっている「改憲手続法（国民投票法）」の改定案（改正公選法に併せて投票の利便性を図ることに限った自公案）の審議が必要だ。野党の多くは併せてテレビの有料広告規制等の検討も要求している。自民党の改憲案提示は容易ではない。

改憲手続法の問題では、国民民主党が同法改正案を出したことにつけ込み、自民党が「議論に応じる」などと言い出し、野党分断を図ろうとしている。しかし、10日に玉木雄一郎代表は「（国民民主が主張する）テレビ広告規制の導入とほかの必要な改正項目をセットで議論し導入することが大前提だ」と述べ、憲法審査会で、継続審議となっている改正案と国民民主党の改正項目も併せて議論すべきだという考えを示し、事実上、自民党の分断策動を拒否した。

一部報道では自民党が野党との「話し合い」路線を放棄して、憲法審査会の幹事懇談会などの場で強引に「条文イメージ案」を「説明する」のではないかとの観測も出ているありさまだ。そうなれば今後の憲法審会の運営はいっそう混乱するのは不可避だ。

改憲論議を急いでいるのは安倍首相とその取り巻きだけで、世論はそうではない。11月9日から行なわれたNHKの世論調査で、憲法改正に向けた議論を早く進めるべきかを尋ねたところ、「早く進めるべき」がわずか17％で、「急いで進める必要はない」が50％だった。

自民党の野党分断策に対して、11月16日、初参加の国民民主党も加えて、立憲野党5党1会派（立憲民主、国民民主、共産、自由、社民、無所属の会）と市民連合の意見交換会が行なわれ、安倍政権を1日も早く倒すために参院選で共同することや、安倍9条改憲に反対することなどが確認された。

# 自民党が「改憲案の提示」を断念（2018・12・14）

臨時国会最終盤の12月6日、自民党が「改憲案の提示」を企てた衆議院憲法審査会は、開催に反対する市民と野党の抵抗と与党内に生じた動揺の結果、中止となり、「提示」は断念に追い込まれた。安倍晋三首相らが企てる改憲発議との闘いの舞台は2019年の通常国会以降に移った。

これに先立つ11月29日、衆院憲法審査会の森英介会長が今国会初めての審査会を職権で開催するという異例の事態が起きた。この日は与党の自民、公明両党と日本維新の会などのみが出席。野党6党派（立憲民主、国民民主、無所属の会、共産、社民、自由）が会長の運営に激しく抗議し、欠席したままで、新たな幹事の選任を強行した。

これは2000年1月の憲法調査会（憲法審査会の前身機関）の発足以来、与野党合意を重視して開催してきた憲法論議の場の慣例を突然、乱暴に踏みにじったもので、極めて異常な運営だった。

野党6党派の国対委員長はただちに自民党の森山裕国対委員長に「絶対やってはならないおきて破りだ。憲法論議は100年は遅れる」（辻元清美・立憲民主党国対委員長）などと厳重に抗議した。

官邸の指示で強行されたといわれるこの日の会議では、わずか1分程度の間に、従来の「与野党協調派」と呼ばれる中谷元、船田元氏らの幹事の「辞任」を確認し、新藤義孝・元総務相らを新たな幹事に任命した。安倍官邸に直結する新藤氏は今後の衆院憲法審査会の運営を左右する与党筆頭幹事の任についた。

自民党はさらに12月6日、衆院憲法審査会の強行開催を企て、あまつさえ前国会からの継続審議になっている「憲法改正手続法（いわゆる国民投票法）」の審議を先送りして、「自由討議」という場を設定することで改憲案の「提示」をねらった。

学校にて
先生
ネコ太郎くん
宿題は
やってきましたか？
生徒
次の
質問を
どうぞ
【主張するネコたちのこと】より

「自由討議」とは憲法審査会があらかじめテーマを設定した討議以外に、各政党の委員が自由に憲法についての問題意識を披露し、意見を交換する場として設定されるものだ。こともあろうに、自民党はこの場を利用して、自民党の改憲案を一方的に発表し、審査会に検討を求めようとしたのだ。

自民党の4項目の改憲案は「たたき台」とか、「イメージ案」と呼ばれるもので、党の総務会の了承も得られていないしろものだ。だからこそ、先ごろの自民党総裁選の中で石破茂候補（元幹事長）が繰り返し、党内手続きとその内容に異論を述べ、批判した。

すでに11月30日の時点で、公明党の斉藤鉄夫幹事長は「（12月6日の衆院憲法審査会で党改憲案の提示を模索していることについて）野党も出てくる環境で議論が進められることが大切だ」と述べ、野党欠席のまま憲法審査会を開くことに難色を示していた。

## 「協調派」解任して断行

この11月29日の憲法審査会の運営がいかに異常で不当なものか、あらためて見ておく必要がある。

憲法調査会から憲法審査会に至る約18年の運営では、初代会長の中山太郎氏（元外相）らによって繰り返し確認されてきた運営の原則がある。

それは、

「（憲法に関する議論は）与党や野党第一党だけでなく、少数会派も含めて幹事会等で協議・決定するとともに、少数会派や委員にも平等に時間を配分して議論を尽くす」

「このような憲法審査会の伝統と特色は、憲法は国家の基本法であって全て『国民のもの』であるという、憲法論議に対する基本理念に基づくもの」

「国家の最高法規である憲法に関する論議においては、政局にとらわれることなく、『憲法論議は国民代表である国会議員が主体性を持って行うべき』との共通認識に基づき、熟議による合意形成がなされ」なくてはならないというものだ。

実際にはすべてがこれほど美しい民主的な運営であったかどうかには、これを一貫して傍聴・監視してきた筆者から見て疑問符もつくが、少なくとも今回のような会長職権で審査会を強行開催するというようなことはなかった。

安倍政権与党は今回、この「伝統と特色」を打ち壊した。任期中の改憲を企てる安倍首相はこうした憲法審査会の運営が気に食わない。運営がのろのろしすぎて、改憲の実現が遅れると考えている。

そこで先の第4次安倍改造内閣の発足に伴い、憲法審査会の自民党執行体制から中山太郎元会長の運営原則を継承する「憲法族」とよばれる「与野党協調派」を事実上解任した。そのうえで首相の願望である改憲を実現するための改憲強硬派を据える「改憲シフト」を敷いた。

この改憲を急ぐための新しい執行部は、国会の長期にわたる憲法論議の過程をまともに理解していない、いわば憲法問題の素人だ。功を焦って改憲に前のめりになった新執行部は、野党を「職場放棄だ」(下村博文・自民党憲法改正推進本部長)と挑発するなど、勇み足が相次いだ。そのため野党の激しい抗議を招き、容易に憲法審査会の開催にこぎつけられなかった。

安倍首相は総裁選を前にした今年8月12日、山口県下関市での講演で「自民党としての憲法改正案を次の国会に提出できるよう取りまとめを加速すべきだ」と述べた。そして臨時国会の所信表明演説で、「憲法審査会で、政党が具体的な改憲案を示すことで、……国会議員の責任を果たそう」などと呼びかけた。臨時国会での「提出」をのがしたら、安倍首相の求心力が低下するのは必然だ。この状況への焦りが今回の暴挙の背景にある。官邸としては、なりふりかまわず、臨時国会で「改憲案を提示した」という実績作りに走らざるをえなかった。

## 闘いは通常国会の場へ

結局、11月29日の憲法審査会の強行開催によって、来年冒頭からの通常国会での憲法審査会の議論は容易ならざるものとなり、安倍首相が狙う改憲実現は、より遠くなった。

新年の国会は1月下旬召集説が取りざたされている。いずれにしても、7月の参議院議員選挙で改憲発議に必要な3分の2の議席を失うことを恐れて、安倍首相らは衆参同日選挙という大博打に打って出る可能性を、国会日程上も確保しておきたい。もしも通常国会中に改憲発議ができなければ、参議院の新しい議席で改憲派が3分の2を確保できるかどうかが焦点になる。

国会議員さんの
お給料は
最低賃金という
法案はいかが？
どんど上がるよね
いっそ
生活保護で
暮らしてもらうとか
議員活動費は国から出てるんだし

【主張するネコたちのこと】より

全国の市民の安倍改憲への怒りを反映して立憲野党が結束して1人区での候補の一本化に成功し、最低限でも野党が２０１６年に獲得したのと同程度の41議席を超えるならば、自公与党など改憲派は参議院で３分の２の改憲発議可能な議席を失うことになる。その時は安倍首相の退陣は不可避だ。

12月6日午前9時から「総がかり行動実行委員会」は予定された衆院憲法審査会の開催に合わせて、「憲法審査会強行開催糾弾！自民改憲案『提出』許すな！12・6早朝緊急抗議行動」を開催した。

集会には折からの雨にもかかわらず、３００人を超える市民が参加した。立憲民主党、共産党、社民党など野党各党の憲法審査会の委員と、改憲問題対策法律家6団体連絡会の森孝博弁護士、九条の会の小森陽一事務局長らが自民党の暴挙に怒りの声を上げ、この日の審査会開催中止は市民と野党の闘いの勝利であることを確認し、通常国会での改憲発議を必ず止める決意を固めあった。

# 3章　国会内外で続く改憲発議阻止の闘い

——『週刊金曜日』連載②　2019—2020年の動き

# 安倍改憲発議は前途多難（2019・1・18）

昨年の臨時国会では安倍晋三首相の側近らによる前のめりな憲法審査会の運営によって、目標とした自民党改憲案は「提示」できなかった（昨年12月14日号）。11月29日に引き起こされた与野党決裂状態で最後の定例日にあたる12月6日の憲法審査会はお流れになった。しかし、臨時国会最終盤の衆院憲法審査会で一波乱が起きた。

通常国会から継続審議になっている改憲手続法（国民投票法）の一部修正案に関連して、従来から立憲民主党や国民民主党などは与党がいう改正公選法と合わせて投票の利便性を図るという微修正にとどまらず、同法のより大きな問題点である野放図な有料テレビ・CM問題なども再検討すべきだと主張してきた。そのために日本民間放送連盟が自主規制する気があるかどうかなどヒアリングが必要だとの立場だった。

自民党はこれを逆手にとって、国会最終日の12月10日に憲法審査会の幹事懇談会に民放連を呼ぶことと合わせて、審査会の運営についての「会長のお詫び」と「閉会中審査」などの実務手続きの処理をする憲法審査会を開くと提案、野党筆頭幹事の立憲民主党・山花郁夫幹事も同意した。定例日でもない時期に開かれた異例の憲法審査会で、森英介会長の「お詫び」の表明を含めてわずか数分の会議が行なわれた。会長は「結果として円滑なる運営ができなかったことは、真に残念であり、遺憾に存じます」と他人事のような所感をボソボソと読み上げた。その後に開かれた幹事懇では民放連は自主規制を受け入れなかった。

立憲民主党の枝野幸男代表は1月4日の記者会見で「まずは憲法調査会以来の憲法議論について、長年積み重ねられてきた良き慣習というものが、完全に昨年の秋に破壊されたと理解しています。まず破壊した側が、もう一度信頼関係に基づく建設的な議論ができる状況をどう取り戻すのか。そのことに汗をかいていただく。そのことが全ての前提だと思っています」と与党による憲法審査会の運営を厳しく批判した。

## 野党の結束と連携がカギ

安倍首相は臨時国会閉会後の記者会見で、「（２０１７年５月３日に）２０２０年は新しい憲法が施行される年にしたいと申し上げましたが、今もその気持ちには変わりはありません」と述べた。そして今年１月４日の年頭記者会見では「まずは具体的な改正案を示して、国会で活発な議論を通じ、国民的な議論や理解を深める努力を重ねていくことによって、また、重ねていくことが選挙で負託を受けた私たち国会議員の責務であろうと考えています」と国会での改憲論議の活発化を促した。

安倍首相が公言する20年改正憲法施行のためには19年の参院選までに発議するか、参院選挙で３分の２以上の議席を獲得するしかない。19年の通常国会だけという短期間の議論で改憲発議することなどという暴挙は、世論が許さないだろう。加えて統一地方選挙や天皇代替わり行事など諸般の政治日程が立て込んでいる。改憲を狙う安倍政権にとっては難問山積だ。

参議院選挙までに改憲発議ができないまま、もし参院選で改憲派が現有の３分の２議席を失ったら、発議は不可能になる。野党は市民連合と連携しながらすべての１人区の候補１本化など、３分の１以上の議席の獲得をめざして闘おうとしている。

12月の報道各社の世論調査では内閣支持率が軒並みダウンした。新年、安倍首相らは天皇代替わりやG20開催、日露領土交渉、東京五輪なども政権浮上と改憲の世論作りのためにフルに利用するだろう。衆参ダブル選挙という窮余の策もうわさされている。

私たちは引き続き、３０００万人署名運動や、５月３日の憲法記念日の全国的な統一行動を大規模に繰り広げる予定だ。

【主張するネコたちのこと】より

# 9条改憲先取りする新防衛大綱

（2019・2・1）

1月28日から第198通常国会が始まった。安倍晋三首相は1月5日、地元の山口県下関市で開いた後援会の会合で、「平成最後の年であり、新しい時代の幕開けとなる年だ。憲法改正を含め、新たな国造りに挑戦していく1年にしたい」と発言した。首相にとって今年前半の通常国会が自身の最大の政治課題である改憲構想の実現にとって、重大な山場になることは間違いない。

2月10日に開催される自民党大会の2019年運動方針最終案は「時代の転換点に立つ今、改めて国民世論を呼び覚まし、新しい時代に即した憲法改正に向けて道筋を付ける覚悟だ」と改憲への決意を記述。この案を安倍総裁に報告したあと、原案にはなかった「国民世論を呼び覚ます」との表現を新たに加えた。一方、原案にあった「(憲法審査会の論議などに関して)これまでの経過を尊重しつつ、改めるべきは改める」との表現は見送ったと言われる。

昨年の臨時国会での森英介・衆院憲法審査会会長の運営に関する「お詫び」は一体何だったのか。通常国会が始まれば、与党改憲派は野党に対して、早急に憲法審査会を再開せよと迫るに違いない。しかし、自民党運動方針最終案の作成過程にみるこうした姿勢は、憲法審査会の再開の阻害物だ。

この通常国会で安倍首相ら改憲派は懸命になって改憲発議の実現をめざしてくる。日本国憲法の根幹に関わる9条改憲を198国会1回程度の議論で終わらせるワケにはいかない。それも国会審議の日程が極めてタイトに限られている中での改憲論議だ。熟議など全く不可能だ。もしもこうした中での「発議」が行なわれれば憲政史上かつてない強行採決となる。国会内の立憲野党と国会外の市民運動は連携してその発議阻止と安倍政権打倒のために全力をあげなくてはならない。

## 攻撃型空母艦保有の問題

見逃してはならないことがある。安倍政権は9条を軸とする明文改憲に取り組む一方で、並行してこの国を海外で戦争する軍事的能力をもった国に仕立て上げつつあるということだ。

昨年末に閣議決定し、発表した「新たな防衛力整備の指針『新防衛大綱』」と、今後5年間の装備品の見積もりを定めた中期防衛力整備計画（中期防）は、歴代政権が確認してきた「専守防衛」のしばりを突破し、日米同盟下での自衛隊の「外征軍」具体化のための大綱となった。予算総額は過去最大の5年間で27兆円規模に跳ね上がり、トランプ米大統領の対日貿易赤字削減の要求を受け入れた形で武器を爆買いするものだ。

大綱では「日米同盟の抑止力・対処力の強化、幅広い分野における協力の強化・拡大」の必要性が強調され、宇宙やサイバー分野への対応などと合わせて、攻撃型空母の保有や、敵基地攻撃能力を持つ長距離巡航ミサイル「ＪＳＭ」や「ＪＡＳＳＭ」の導入が盛り込まれた。米国に向かう弾道ミサイルを撃墜可能な地上配備型迎撃システム「イージスアショア」配備なども確認され、従来、憲法9条の下ではあり得ないとされた「戦略攻撃兵器」の保有が明記された。

これを象徴するのが海上自衛隊の護衛艦「いずも」の改修による攻撃型空母化だ。短距離離陸・垂直着陸が可能なステルス型戦闘機（ＳＴＯＶＬ）Ｆ35Ｂの搭載可能な改修を実施。海上自衛隊は初めて海外で戦える本格的な攻撃型航空母艦を保有することになる。この空母は米軍機が給油したうえで、戦地に向かうことも可能だ。

朝鮮半島が南北首脳会談や米朝首脳会談によって、北東アジアの軍事的緊張を除去し、非核・平和の実現に向かいつつあるなかで、この防衛大綱と中期防は憲法違反の時代錯誤的逆行である。改憲阻止は新防衛大綱批判と結合させなくてはならない。

彼氏がソーリでした
死にたいぐらいうれしいデートでした
デートは
「拉致問題は必ず解決する」って誘うし、
買い物したら
「消えた年金は必ず見つける」とか言うし
帰り際の
「沖縄県の民意を尊重する」って・・・・・
素敵！
あたし何かおかしいこと言ってますか？
普通の感覚ですよね？
・・・・・・・・・・・アキエ

あたしも頑張って
彼を讃える学校を建てます！

【主張するネコたちのこと】より

# 世論への働きかけ強める改憲派（2019・2・15）

2020年改定憲法施行という安倍晋三首相らの改憲スケジュールは窮地に陥りつつある。しかし、首相は改憲発議を諦めてはいない。

2月10日開催の自民党大会の運動方針案では、4月の統一地方選や夏の参院選での改憲問題の争点化もねらい、「改めて国民世論を呼び覚まし、新しい時代に即した憲法改正に向けて道筋をつける」と強調、広報戦略の強化に取り組もうとしている。自民党改憲推進本部はインターネットでの発信や講演による啓発活動などの取り組みを強化する一方、「全国に289ある衆院小選挙区の支部ごとに憲法改正推進本部を設置し、改憲の国民投票に向けた世論を喚起するため、（日本会議など極右改憲勢力と連携し）民間団体による連絡会議の設立」を進めるという。

第198通常国会での首相の発言には、この「世論喚起」の取り組みを意識してか、改憲問題でかなり踏み込んだ主張が目立っている。

施政方針演説では「憲法は、国の理想を語るもの、次の時代への道しるべだ。子や孫の世代のために、日本をどのような国にしていくのか。大きな歴史の転換点にあたって、この国の未来をしっかりと示していく。国会の憲法審査会の場において、各党の議論が深められることを期待する」と述べ、行政府の長が立法府の議論に指図するのは憲法99条違反だという野党などの指摘を無視して改憲論議の活性化をよびかけた。

## 虚実ないまぜで情緒的

安倍首相は代表質問に立った自民党の二階俊博幹事長の質問に答える形で、内閣総理大臣としては異例の改憲発言をした。少し長くなるが引用しておきたい。

まず、災害出動やＰＫＯなどの自衛隊活動を礼賛した後、「自衛隊は、かつては厳しい目で見られた時代もあった。それでも、歯を食いしばり、ただひたすらに職務を全うしてきた。今や、国民の約9割は、敬意を持って自衛隊を認めている」とし、それでも憲法に自衛隊を書き込む理由として、「しかし、近年の調査でも、自衛隊は合憲と言い切る憲法学者は2割にとどまる。『君たちは憲法違反かもしれないが、何かあれば命を張ってくれ』というのは、余りにも無責任ではないか。多くの教科書に、自衛隊の合憲性には議論がある旨の記述がある。その教科書で自衛隊員のお子さんたちも学んでいる。さらには、今なお、自衛隊に関するいわれなき批判や反対運動、自治体による非協力的な対応といった状況があるのも事実」などとことさら挑発的な主張をした。

通常国会開会日に「安倍９条改憲 NO!」を掲げて集まった人々（2019 年 1 月 28 日正午、衆議院第二議員会館前）

　そして、「たとえば、自衛官の募集は市町村の事務だが、一部の自治体はその実施を拒否し、受験票の受理さえも行なっていない。また、防衛大臣からの要請にもかかわらず、全体の6割以上の自治体から、自衛隊員募集に必要となる所要の協力が得られていない」と強圧的に自治体行政を批判、「このような状況に終止符を打つためにも、自衛隊の存在を憲法上明確に位置づけることが必要」と強調。「国民のため命を賭して任務を遂行する隊員諸君の正当性を明文化し、明確化することは、国防の根幹にかかわること」というのだ。

　このような、憲法学者と教科書や地方自治体への、虚実ないまぜにした情緒的な批判キャンペーンで憲法に自衛隊を書き込むという首相の議論はあまりにも底が浅すぎる。憲法9条に自衛隊を書き込むということは、日本国憲法9条の〝国際紛争を解決する手段としての武力の放棄〟の立場から、「国際紛争を解決する手段としての武力の保持」を正当化する立場への180度の転換だ。よく使われる「1ミリたりとも変わらない」などというのは大嘘だ。

　安倍首相は改憲派が両院で3分の2を持っている千載一遇の機会のこの通常国会で、あわよくば改憲の発議をしたいと、なりふり構わぬキャンペーンに出てきた。

# フェイクまがいの首相の改憲論（2019・3・8）

安倍晋三首相が2017年5月3日に提起した新改憲案の20年施行目標にとって、この通常国会は正念場となった。もし、この期間に改憲発議できなかった場合には、夏の参議院選挙で改憲賛成派が議会の3分の2を占めるかどうかだ。ここで改憲派が議席の3分の1以上を失えば、首相の改憲の企ては水泡に帰することになる。

このところ、首相はフェイクまがいの感情論による煽動でしゃにむに改憲の雰囲気を醸成しようとしている。いわく「9条に自衛隊を書き込んでも変わりがない」「国のために頑張っている自衛隊がかわいそうだ」などというものだ。

首相は2月5日の衆院予算委員会で「9条2項の規定を残し、自衛隊の存在を憲法に明記することによって、自衛隊の任務や権限に変更が生じることはない」と答弁した。また最近、自民党憲法改正推進本部が自民党の全国会議員に配付した改憲「Q&A」でも、「（この改憲案で）自衛権行使の範囲を含め……これまでの憲法解釈についてもまったく変えること（がない）」と強調している。「改憲をしても何も変わらない、心配するな」ということだ。何も変わらないなら、どうして大騒ぎして改憲に手を付けるのかと、誰しもが疑問を感じるだろう。

そこで出てくるのが「心ない反対勢力の動きで、自衛隊がかわいそうだから」という話だ。

この間、首相は憲法に自衛隊を書き込む必要性を強調するとき、学校の教科書にまつわる逸話を繰り返し使ってきた。首相は「ある自衛官が息子さんに『お父さんは憲法違反なの』と尋ねられたそうだ」と言って、「これを聞いた時、24時間、365日、国のために働いている自衛官のことを思うと胸が張り裂ける思いがした」などと興奮気味に語るのが常だ。

2月13日の衆院予算委員会で野党の議員が首相に「その話をいつ、どこで聞いたのか」と質問したが、「私が嘘を言うわけはない。資料を出せというなら、出させていただく」とブチ切れた。しかし、未だにその「資料」は出されていない。

自衛隊が憲法違反だなどという憲法学者が悪い、教科書が悪い、だからそんなことを言わせないために憲法に書き込む必要があるとも言うが、自衛隊が憲法違反だとしている教科書は存在しない。

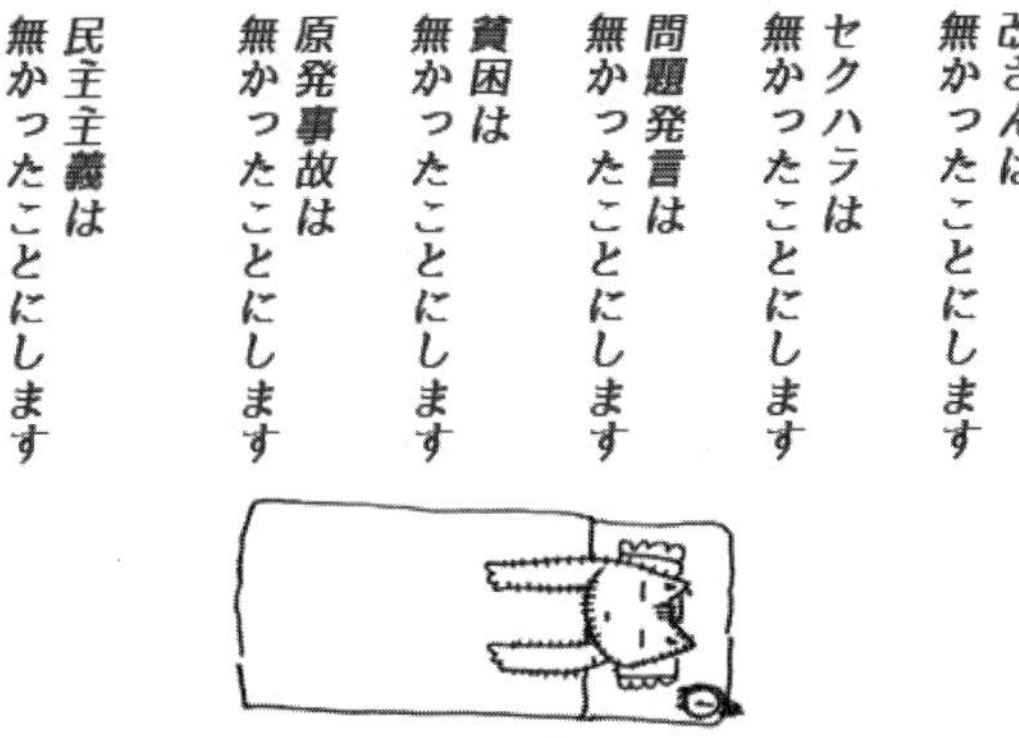

【主張するネコたちのこと】より

## 徴兵制への危険も

首相の改憲の口実はくるくる変わる。2月10日の自民党大会では「（自衛隊募集に関して）都道府県の6割以上が協力を拒否している。憲法に自衛隊を明記し、違憲論争に終止符を打とう」と述べた。首相は1月30日の衆院代表質問の場で「今なお自衛隊に対するいわれなき批判や反対運動、自治体による非協力な対応がある」「命を賭して任務を遂行する隊員の正当性を明文化することは、国防の根幹にかかわる」と発言。しかし、岩屋毅防衛相は記者会見で「約9割の自治体から住民基本台帳の閲覧など情報提供を受けている」と述べた。

防衛省によれば事情があってまったく協力していないのは「5自治体のみ」という。このことと憲法への自衛隊明記の必要性はつながらない。自衛官募集のための改憲なのか。逆にこうした首相の議論が徴兵制にまでつながることを心配する識者もいる。

自衛隊の明記はなにも変わらないどころか、日本国憲法の平和主義の180度の転換だ。日本国憲法は「（武力の行使は）国際紛争を解決する手段としては、永久にこれを放棄する」との立場だ。しかし憲法に自衛隊という武力装置を書き込むことは、この立場とは真逆に、必要な場合は「自衛隊を使って国際紛争に対処する」ことの合憲化だ。まして15年の安保法制によって自衛隊が集団的自衛権に基づいて行なう戦争が合法とされている。首相らの説明が虚偽であるのは明らかだ。

# 憲法審の再始動狙う安倍政権（2019・3・22）

3月1日、〝偽装統計〟の問題も、巨大な防衛予算の審議もそっちのけで衆議院での予算案審議が強行採決され、参議院に回った。このあとの国会は、大きな対決法案がないと言われており、安倍改憲発議はいよいよ正念場にきた。

1日、自民党・公明党の与党と、与党「協力会派」の日本維新の会などの各憲法審査会メンバーに衆院憲法審の森英介会長も加えて、衆院憲法審査会の与党側「幹事懇談会」が開かれた。

懇談会のあと、憲法審の与党筆頭幹事の新藤義孝幹事は報道機関に対して「与野党が憲法論議を深めるのを国民が期待している。政局を離れて、国家・国民のための論議を深める使命を果たしたい」と発言し、憲法審を3月中に再始動させる考えを表明した。

この新藤幹事の「国民が期待している」という発言は正しくない。いま世論は「憲法改正」を政治の優先政策とは考えていない。昨年3、4月の『朝日新聞』世論調査（2018年5月2日付）で、9項目を示して回答（複数回答可）を得た「政策の優先度」調査では「憲法改正」は最下位で、11％にすぎなかった。優先度が高いのは「景気・雇用」60％、「高齢者向けの社会保障」56％、「教育・子育て支援」50％などだ。「改憲」を推進しようとしている安倍首相ら自民党の姿勢と、世論の間には大きな乖離がある。これは世論の趨勢だ。新藤幹事らの憲法審再始動の口実は党利党略によるものだ。

## CM規制議論先行で野党分断を図る自民党

新藤幹事らは「（再始動させた憲法審査会で）継続審議となっている憲法改正手続法（国民投票法）改正案を早期に成立させ、今国会中に『自由討議』を開き、4項目の自民党改憲案を提示」するシナリオを描いている。改憲に慎重姿勢を示している公明党も「自由討議までは容認する」構え

改憲阻止などを訴える立憲野党各党と市民連合の共同の街頭宣伝。2019 年 3 月 10 日、JR 新宿駅東南口

だ。しかし、昨年の臨時国会での与党単独の憲法審査会の強行開催については森会長が謝罪した。主な野党が反対しているままで強行開催は実際には不可能だ。

そこで憲法審査会を再始動させるために、自民党では立憲民主党や国民民主党が重視する「国民投票をめぐるＣＭ規制」の議論を先行させ、憲法論議の呼び水にする案も浮上している。

昨年の通常国会で継続審議になったのは、公職選挙法の改正に合わせて投票の利便性をはかるためなどの改憲手続法の微修正法案だった。国民や立憲は同法を修正するなら、単なる微修正ではなくテレビのＣＭ規制の問題も議論すべきだという主張だ。

立憲の枝野幸男代表は昨年10月のラジオ番組で国民投票の際のテレビＣＭを規制する改憲手続法改正の必要性を強調。「表現の自由にかかわるので1～2カ月でできる話じゃない。ここから数年はこの議論をせざるを得ない」と指摘している。かりに憲法審査会の始動を強行しても、この議論は相当長期にわたるという指摘だ。

しかし、国民と立憲が指摘する同法の問題点は、いまのところテレビＣＭ問題に限られ、他の問題点、たとえば最低投票率規定がないこと、国民投票運動期間が短かすぎること、公務員・教員の国民投票運動規制が強すぎること、などは視野に入っていない。もし、同法の改定を問題にするなら、国会はこれらの問題点を含めた同法の抜本的改定に取り組まなくてはならない。運動と世論が野党に働きかけて、憲法審査会でこうした議論ができるかどうかが課題だ。

共産党は審査会再始動阻止という主張で、同法の抜本的再検討の議論に加わっていない。自民党はここに付け入り、テレビＣＭ規制の議論の容認を含め同法の修正案審議で野党を分断しようとしている。いま大事なことは立憲野党が結束して、今国会における改憲発議をくいとめることだ。

# 醜悪な首相の防大卒業式「訓示」（2019・4・5）

3月17日、安倍晋三首相は防衛大学校の卒業式で「訓示」し、改憲案実現への意欲を表明した。訓示ではこの間の批判に懲りてか、直接に「改憲」の用語は使わなかったが、防衛大学校の学生の前で「改憲」を示唆する発言をすること自体が、憲法第99条の「憲法尊重・擁護義務」違反だ。

安倍首相は訓示の冒頭「平成は自衛隊への国民の信頼が揺るぎないものとなった時代だ。地下鉄サリン事件、2度の大地震をはじめとした相次ぐ自然災害。その過酷な現場での救助活動に自衛隊の諸君は躊躇することなく、真っ先に飛び込んでくれた。未曽有の危機に直面した人々にとって、その姿はまさに大きな希望の光であった」と言った。

そして「今や自衛隊は国民の9割から信頼を勝ち得ている。先人たちが、たゆまぬ努力によって築き上げてきたこの成果を受け継ぐ卒業生諸君は、静かな誇りを持ちながら、さらなる高みを目指してそれぞれの自衛官人生を歩んでほしい。政治もその責任をしっかりと果たさなければならない。次は私たちが自衛隊の諸君が強い誇りをもって職務を全うできる環境を整えるため、全力を尽くす決意だ」と訓示した。

安倍首相が述べた「（次は私たちが）環境を整える」とは、まさに持論の9条への自衛隊の明記を意味する。もしも「自衛隊は国民の9割から信頼を勝ち得ている」としたら、これは「（自衛官が）誇りをもって職務を全うできる環境」としては十分であり、改憲の必要はない。

「国民の9割から信頼を勝ち得」たのは、まさに災害救助活動によってだ。だが、これらは自衛隊法によると「主たる任務」ではなく、それとは異質の「従たる任務」の活動への信頼だ。

災害救助活動は一挙に大量の実行部隊を投入できる自衛隊によってだけではなく、消防庁や自治体職員、医療従事者などなど、無数の人びとによって行なわれてきたことを、首相たるものは忘れてはならない。その一環としての自衛隊の活動を評価して人々が「信頼」することは不思議ではない。しかし、それは災害救助活動にはあまりにも不向きの、迷彩が施された戦闘服を着用した自衛官による矛盾をはらんだ災害救助活動だ。

## まるで総司令官

「私は滅多に激怒しない人間として、
自由民主党では
理解されている
わけでありまして」
「アナタはいっつも
コクミンを激怒させる人間として、
世界中の方〻に
理解されているわけでありまして」
【主張するネコたちのこと】より

安倍首相は自衛隊の「本来任務」につながる活動について、防大の卒業生に次のように説いた。「世界は、地域紛争、テロの拡散といった新たな事態に直面することになった。もはや一国のみで、どの国も自国の安全を守ることはできない時代になってきた」「（他方、冷戦終結後の世界では日米同盟の）助け合える同盟は、その絆を強くする。平和安全法制の成立によって日米同盟はこれまでになく強固なものとなり、地域の平和と安定に一層寄与するものとなった」

首相のこの訓示で見逃すことができないことは、日米安保体制を日米（軍事）同盟＝「助け合える同盟」と評価し、安保法制＝戦争法制によって集団的自衛権の行使の合憲解釈を強行したことを「これまでになく強固」になったと礼賛していることだ。この戦争法制のもとで、防大を卒業して任務に就く自衛官は、米国とともに海外で戦争をすることが任務になる。海外の戦場で自衛官が外国の人びとを殺し、あるいは海外での戦闘で殺される任務に就くことになる。

今、防衛大学校を卒業する若者たちにむけた首相の「もはや今までの延長線では対応できない。陸海空。従来からの枠組みにとらわれた発想のままではこの国を守り抜くことはできない」との発言は、海外で戦闘に行くのを見送る総司令官の訓示そのものに聞こえる。

このためにこそ、自衛隊の根拠規定を憲法に書き込むという安倍9条改憲がある。

# 憲法審査会の再始動めぐり攻防（2019・4・19）

42回目の「19日行動」となった3月19日の総がかり行動実行委員会の国会行動は「辺野古新基地建設は断念を！　政府は沖縄の民意に従え！　安倍9条改憲NO！　憲法審査会を始動させるな！　3・19国会議員会館前行動」という集会名称で開催された。集会には約3000人の市民が結集し、立憲民主、国民民主、共産党、自由党、社民党、沖縄の風の5党1会派の代表が挨拶。市民からはオール沖縄の高里鈴代さん、沖縄平和市民連絡会の北上田毅さん、新聞労連の南彰委員長らが発言した。

集会は国会情勢を反映して「憲法審査会始動反対」を掲げたのが特徴で、4月19日も同様の課題を掲げることになる。また、総がかり行動実行委員会は4月2日、「憲法審査会の再始動に反対する」と題する「声明」を発表し、国会の憲法審査会の委員を中心に送付した。

夏の参議院議員選挙を意識しながら、国会の衆院憲法審査会は再始動を求める自民党、公明党、維新の会ら改憲派と、この動きに同調しない主要野党および市民運動との対立が激化している。

与党の動きは衆参の予算審議が終わるといっそう激しくなった。3月28日にはいったん招集された衆議院憲法審査会幹事懇談会が、立憲、共産など主要野党の欠席で意見交換会に切り替えられた。つづいて4月3日に設定された懇談会も前週につづき2回目の意見交換会となった。自民党や維新の中では「われわれだけで国民投票法改正案を審議、採決すべきだ」などといらだつ声も出てきている。

野党側が憲法審の再開に応じない理由としてあげているのは、首相が自衛隊明記の9条改憲の理由に「自衛官募集に協力しない自治体が6割以上もある」などと、事実に基づかない発言をしたことだ。加えて憲法審査会の森英介会長が与野党合意のないまま、また職権で幹事懇談会を設定したこともある。昨年の秋の臨時国会で、同様の行動をとった森会長が、後日、野党に陳謝したことの繰り返しだ。独自案を用意して、改憲手続法（国民投票法）の改正論議を容認している国民民主党の玉木雄一郎代表も「静かで穏やかな環境の中で開かれることを望む」とクレームをつけている。

## 参院選をにらんで

総がかり行動実行委員会主催による2019年3月19日の国会議員会館前行動の横断幕

　こうした野党の批判と多数を背景にした与党の強引な審査会運営に抗議しての出席拒否戦術に対して、自民党などは「話し合いの場にすら応じないのは残念だ」などと攻撃しながら、メディアなどからの野党批判が噴出してくるのを待っている。こうした場合、メディアは訳知り顔で「意見があるなら会議の場で言うべきだ」などと野党を非難するのが常だが、それはお門違いだ。圧倒的に多数を持っている与党の攻勢に対して、少数野党が欠席戦術を含めて可能な限り抵抗するのは当然のことだ。

　通常国会は残すところあと2カ月半程度になった。与党改憲派は隙あらば野党を改憲論議に引きずり込み、この期間に改憲発議をしたいところだ。しかし、4月中旬までの統一自治体選挙中に憲法審査会を職権で開催するのは容易ではない。その後は天皇代替わり行事に絡む10連休だ。万が一、再始動されても憲法審査会は継続審議になっている改憲手続法の修正論議から始めなければならない。この修正論議は与野党の見解に大きな差がありすぎる。これを自公両党が望む「微修正」で乗り切って、「自由討議」を強引に設定し、そこで自民党改憲案を「提示」するシナリオはあまりにも乱暴で、その後の憲法審査会の正常な議論は保障されないだろう。その後に続く参院選をにらみながら、国会内の立憲野党と国会外の市民が最大限の抵抗をするからだ。

　このままでは参議院選挙で改憲派が3分の2を確保するのは容易ではない。安倍9条改憲の最大の山場がきた。

# 窮地に立たされた安倍改憲発議（2019・5・17）

5月9日午前、衆議院憲法審査会が開かれ、改憲の国民投票運動の際のテレビCM規制問題に関して、日本民間放送連盟（民放連）幹部を参考人招致し、意見を聞いた。衆議院憲法審査会が実質的な審議を行なったのは約1年半ぶりだった。

議論になった問題は、2007年に成立した憲法改正手続法（国民投票法）。投票に重大な影響を与えることを懸念して投票の14日前からテレビCMを禁止したが、それ以前には規制外というザル法で、資金力のある政党に極めて有利になっていることなどだ。

民放連の永原伸専務理事はその場で「法的規制は表現の自由を侵害する可能性があり反対。CMの量的自主規制もしない」と表明。

立憲民主党の枝野幸男代表は「（法成立当時は）民放連が自主規制をすることが前提で作られた。自主規制をしないのであれば、前提が異なり、欠陥法となる。議論を最初からやり直すべきだ」と発言。同法案の作成にかかわった船田元憲法審与党筆頭幹事らの参考人招致を求めた。共産党の赤嶺政賢委員は15年の大阪都構想を問う住民投票で、反対派の120本の4倍、480本ものCMを賛成派が流した例を示し、資金力の多寡でCMの量が異なることなど、同法の重大な欠陥を指摘した。

この日議論された国民投票におけるテレビCM規制問題は、議論が尽くされておらず、問題は山積していることが明らかになった。

## 改憲派のジレンマ

憲法審査会では昨年の通常国会で与党は改憲手続法の公選法改正に対応する条項のみの改正案をだし、これが継続審議になっていた。

この日の憲法審査会が開催されたのは、安倍晋三首相がこだわる20年改正憲法施行という日程から見て、憲法審査会での改憲論議は大幅に遅れて

「自民党改憲案を提示させるな」と、緊急に国会前に集まった市民。2019年5月9日夜、東京・千代田区

おり、野党が要求する民放連の参考人招致に応じて審査会での改憲論議開始の呼び水にするためだった。自民党などは参考人招致が済んだという理由で、次回審査会を16日に開催し、改憲手続法の修正案を採決するよう要求した。しかし主要野党はこの日の議論で、同法の問題点が一層明らかになったとして、議論の継続を要求し、採決を認めていない。

自民党などが同法の採決にこだわるのは、継続審議になっている案件を早急に切り上げ憲法審査会に「自由討議」の場を作り、そこで自民党の改憲案を「提示」したいからだ。これをもって憲法審査会で改憲の議論が始まったと言える状況を作り、めざす改憲案の発議に漕ぎつけたいという狙いだ。

4月18日、自民党の萩生田光一幹事長代行は、「（これまで憲法審査会は）野党に対して丁寧に取り組んできたが、開かれなかった。新しい『令和』の時代になったらキャンペーンを張り、少しワイルドな憲法審査を進めたい」との暴論を吐いた。萩生田氏の挑発的発言は安倍改憲のための議論が国会で一向に進んでいない状況に対する与党の焦りの表明だ。

改憲論議を進めるために「ワイルド」な運営をしてでも進めたいが、そうすると野党と世論の批判を浴び、審議を進めることができない。このままでは16日の採決どころか、次回憲法審査会の開催すら危うくなってきた。

9日夜、憲法審を再始動させて改憲発議に進もうとする自民党などの狙いに抗議して、国会議員会館前では急遽、野党の憲法審査会委員を交えて約５００人の市民が参加した「安倍9条改憲NO！ 憲法審査会に自民党改憲案を『提示』させるな！ 5・9国会議員会館前行動」が開かれた。集会では野党と協力して憲法審査会への自民党改憲案の提示を阻止する決意が表明された。

通常国会は残り終盤の約1カ月半、野党と市民の闘いで自民党の改憲策動は窮地に立たされた。

# 改憲発議阻止で舞台は参院選へ（2019・5・31）

第198回通常国会も会期末まで残り1カ月、〝安倍改憲〟をめぐる情勢が緊迫している。

問題点は五つだ。①この通常国会で改憲「発議」を夢見る勢力はほぼいなくなった。それはもはやどう考えても無理だ。②肝心の衆議院憲法審査会が定例日の毎週木曜に開催されるかどうかをめぐって与野党が激突している。③この国会中に自民党が作成した改憲案「条文イメージ（たたき台素案）」を憲法審査会で「提示」し、国会で改憲案をめぐる議論が始まったことを既成事実にできるのか。④次期参院選で、改憲発議に必要な3分の2議席以上を改憲派が占めることができるのか。⑤安倍首相は改憲派に有利にするために衆参ダブル選挙に踏み切るかどうか。

2017年以来、2年越しで首相らによって執拗にもくろまれてきた改憲の「発議」は、国会内外の野党と市民の闘いの中で、今国会においてはもはや絶望的になった。首相はいまなお「2020年改憲施行を諦めていない」などと強がりを言いつつも、改憲「発議」を秋の第199回臨時国会以降に先送りせざるをえなくなった。

5月9日、1年半ぶりに再開した衆議院憲法審査会は、間もなく議題と運営をめぐって合意できないまま16日は開催されず、目下、23日の開催をめぐっても与野党が対立している。自民党などが改憲手続法（国民投票法）改定の議論を打ち切って「公選法並びの改正案」（改正公選法にあわせて改憲手続法を微修正する）を採決することを要求しているのに対して、立憲民主党など主要野党が同法のテレビCM規制の議論の継続の保障を求めている。

自民党は改憲手続法の議論をいったん打ち切って、憲法審査会に「自由討議」の場を設け、そこに自民党の改憲案を「提示」したい意向だ。そうすれば、秋の臨時国会で自民党案などの改憲論議を継続することができ、改憲に向けて最低限二つの国会（第198、199回）で憲法論議をしたという実績をつくることができる。そのためにも、来る参院選では改憲派が総議員数の3分の2議席以上を確保し、改憲発議可能な条件を得る必要がある。しかし、ここにきて1人区での野党の候補者一本化が急速に進んでおり、改憲派にとってこれは容易ではない課題だ。

立憲野党各党幹事長らと市民連合の意見交換会
（2019年5月22日、於国会）

## ダブル選挙の可能性は

　参院選での3分の2議席確保が容易でないなら、衆参ダブル選挙を仕掛け、野党の共同を分断し、衆参両院で3分の2の議席を確保するという奇策を打つかどうか。その場合、党利党略で解散したという誹りを避けるには大義名分が必要だ。それには先ごろ萩生田光一・自民党幹事長代行が口走った「景気の急速な減退のために消費税引き上げを延期する」という口実か、改憲以外に考えにくい。首相らはいかなる理由で国会を解散するのか。このところ、菅義偉官房長官が野党による内閣不信任決議案提出をきっかけに解散が行なわれる可能性があるなどと語り、永田町に解散風を吹かし始めたのもこうしたゆえんだ。しかし、この作戦が功を奏するかどうかは首相らにも不確定要素があまりにも大きい。失敗すれば安倍政権の政治責任が問われる。与党の公明党の中には消極的意見が強いし、自民党内でも疑問視するむきもある。

　ダブル選挙も念頭に置きながら、次の参院選で立憲野党が野党統一の無所属候補も含めて41議席以上を確保し、非改選と合わせて82議席以上になるかどうかが最小限目標となる。とりわけ全国32カ所ある1人区で野党の候補の一本化を早急に実現しなくてはならない。このため5月下旬から「安保法制の廃止と立憲主義の回復を求める市民連合（略称・市民連合）」は急速に立憲野党各党との協議を進め、「政策合意」を作り上げようとしている。これは野党と市民の共同の大きな橋堡となる。

# 市民連合と5野党・会派政策合意（2019・6・14）

5月29日、参議院議員会館の講堂で、「安保法制の廃止と立憲主義の回復を求める市民連合」と5野党・会派の党首が参加して、市民連合が要望していた政策「だれもが自分らしく暮らせる明日へ」の調印式が行なわれた。

出席した立憲民主党・枝野幸男代表、国民民主党・玉木雄一郎代表、日本共産党・志位和夫委員長、社会民主党・又市征治党首（代理福島みずほ副党首）、社会保障を立て直す国民会議・野田佳彦代表は、各党の幹部や市民が見守る中、署名し、共に闘う決意を表明した。各党首の挨拶ごとに会場からは熱い拍手が沸き起こった。

市民連合の呼びかけ人の山口二郎・法政大学教授は「これを政治の転換のきっかけにしなくてはならない。野党と市民は力を合わせて改憲勢力が3分の2を維持するのを阻止しよう」と訴えた。

この政策合意は２０１６年参議院議員選挙、17年衆議院議員選挙での市民と野党の共同に続くものだ。次期参議院議員選挙に向けて立憲野党と市民連合は安倍政権に代わる別の選択肢を掲げて、新たな闘いに入った。

## 1人区続々と1本化へ

これに先だって、当日、野党党首会談が行なわれ、29の1人区の候補の1本化が決まった。今回の参院選は自公ら改憲派に改憲発議可能な3分の2議席を取らせない闘いが焦点だ。野党は最低限、前回16年の41議席（1人区は11議席）と同程度の結果を得ることができれば、非改選・改選合わせて3分の1以上となる。そうなれば改憲を至上命題とする安倍政権の去就が問われる事態になる。だからこそ、自民党は1人区のうち16選挙区を「激戦区」と指定して攻勢に出ており、熾烈な闘いになるのは疑いない。決して容易ではない闘いだ。官邸筋から衆参ダブル選挙のブラフも繰り出される情勢の下で、今回の野党と市民の共同による1人区の候補者の1本化の実現はあくまで闘いの出発点に過ぎない。安倍自公政権の悪政と闘うために政策合意したすべての政治勢力が共同して、自らの候補として、誠心誠意、全力で闘うことが求められている。

市民連合と野党の合意内容（筆者による要約）。

2019年5月29日、4野党1会派と「市民連合」が政策合意、調印式実施。東京・千代田区の参議院議員会館（提供／共同）

1．憲法「改定」とりわけ第9条「改定」に反対。

2．安保法制、共謀罪法など立憲主義に反する諸法律を廃止。

3．膨張する防衛予算、防衛装備を精査し、国民生活の財源に。

4．辺野古新基地建設を即時中止、普天間基地の早期返還・撤去。日米地位協定を改定し、沖縄県民の人権を守る。

5．東アジアの平和の創出と非核化推進、日朝平壌宣言に基づき北朝鮮との国交正常化、拉致問題解決、核・ミサイル開発阻止に向けた対話。

6．福島第一原発事故の検証、原発再稼働を認めず、原発ゼロ実現。

7．行政における情報操作、捏造を究明、高プロ制度など虚偽のデータによって作られた法律を廃止。

8．19年10月予定の消費税率引き上げを中止し、総合的な税制の公平化を図る。

9．すべての子ども、若者が、健やかに育ち、学び、働くことを可能とするための保育、教育、雇用に関する予算を飛躍的に拡充。

10．地域間の大きな格差を是正、最低賃金「1500円」を目指し、8時間働けば暮らせる働くルールを実現し、経済、社会保障政策を確立し、貧困・格差を解消する。公営住宅を拡充。

11．LGBTsへの差別解消施策、女性の雇用差別や賃金格差を撤廃し、選択的夫婦別姓や議員間男女同数化（パリテ）を実現。

12．森友・加計及び南スーダン日報隠蔽の疑惑徹底究明、透明性が高く公平な行政を確立すること。内閣人事局の在り方を再検討。

13．放送事業者の監督を総務省から切り離し、独立行政委員会で。

# 改憲派、国会での「発議」に失敗（2019・6・28）

昨年来、安倍晋三首相らがめざしてきた第198通常国会での自民党案による改憲発議は失敗に終わった。

首相は2017年5月3日に新しい改憲案を発表し、それを20年に施行したいと発言した。しかし全国の市民運動と国会内の野党の闘いで、改憲派は憲法審査会での「改憲案」の議論の場を作ることができなかった。198国会では「発議」どころか、憲法審査会での自民党改憲案の「提示」すらできなかった。このことは20年改憲施行を目指してきた首相ら改憲派にとって重大な打撃となった。

16年、17年の国政選挙で、改憲派は両院の総議員の3分の2以上の議席を占め、憲法96条の規定による改憲発議可能な条件を確保した。首相らはこの絶好の機会を逃さず改憲を実現しようと、12年に採択したナショナリズムと復古主義色が濃厚な「自民党憲法改正草案」を棚上げにした。そして現行憲法9条をそのままにしたうえで、自衛隊の根拠規定だけを加えるという「加憲案」など、4項目の改憲イメージ案を発表した。この新改憲案なら世論の反対を回避して、国会で「発議」し、国民投票に持ち込み、改憲が可能になるという計算だった。

## 憲法審査会の攻防

しかし、おりから国会では森友・加計疑惑をはじめ首相周辺や閣僚、霞ヶ関の官僚の腐敗や文書隠蔽・捏造などが相次いで露呈し、改憲の論議どころではなくなった。首相らは北朝鮮（朝鮮民主主義人民共和国）のミサイル危機を「国難」などと叫び危機感を煽って解散に打って出て、体制立て直しと挽回をはかったが、世論においては、憲法改定への賛否はつねに拮抗していた。

そうしたなかで迎えた18年秋の臨時国会と19年の通常国会は、安倍改憲推進派にとって国会で発議できるかどうかのぎりぎりの局面となった。

「市民連合」は野党４等の代表とともに、参院選勝利をめざして街頭演説を開催した（2019年６月14日、東京・新宿駅前）

もし、ここで発議ができないまま、来る参院選を迎え、そこで3分の2を失えば「安倍改憲は万事休す」だ。

この間、野党は市民運動と連携しながら、安倍首相が憲法99条に反して改憲発言をくり返している現状では、憲法審査会の再開に応じないとの原則的立場をとった。

与党の憲法審査会の幹事らは、会長（森英介・自民党）職権による憲法審査会の強行開催を幾度か試みたが、そうした動きは00年の憲法調査会発足以来の憲法論議の運営のあり方を壊すもので逆効果となり、会長や与党筆頭幹事はお詫びを重ねることになった。

憲法審査会を始動させるとしても、08年の通常国会以来、継続審議となっている「改憲手続き法（国民投票法）」の改定の議論から始めなくてはならない。この改定論議は憲法審査会を再稼働させる呼び水にするために与党が企てたものだ。自民党は同法の改定を公選法なみの投票の利便性をはかる微修正にとどめ、できるだけ早く憲法審の「自由討議」の場を設定し、改憲案を「提示」することを狙った。これに対して野党は改憲手続き法の改定は、たとえばテレビCM規制などの問題も議論すべきだと主張した。こうして改憲手続き法の議論を早急に決着をつけたいと考える自公など与党と、改憲手続き法の大幅な再検討を要求する野党との溝が埋まらなかった。

市民は多様な行動で、野党に働きかけ、また野党と市民の連携を強化するために行動した。署名運動の展開、街頭宣伝、国会周辺での集会と立憲野党の激励、憲法審査会の与野党委員へのファクス抗議・激励行動、野党憲法審査会委員へのロビーイング、野党と市民連合の懇談会の場での議論と提案、などなどだ。

〝安倍1強体制〟と言われた国会でも、首相が強く望んだ「改憲発議」を止めることができた。次は今度の参院選で改憲派に3分の2の議席を与えない闘いだ。

# 「年金払え、悪政変えよう」（２０１９・７・12）

参議院選挙が始まった。安倍晋三首相や麻生太郎財務相が金融庁審議会の報告書の受け取りを拒否したことをきっかけに人々の怒りが渦巻いている。６月26日、「年金払え！　緊急アクション」が首相官邸前で行なわれ、約５５０人の市民が参加した。「憲法９条を壊すな！　実行委員会」と市民有志が呼びかけたものだ。国会最終日の官邸前に「安倍政権は責任放棄するな」「生活できる年金払え」のコールや歌が響いた。

東京大学名誉教授で「安保法制の廃止と立憲主義の回復を求める市民連合」の呼びかけ人の廣渡清吾さんは安倍政権への怒りを込めて次のようなスピーチをした。

〈この年金報告書は麻生財務相に頼まれて審議会が作ったものだ。この委員会の中には東大の法学部や経済学部の現役の教授もいる。作って持っていったら「いらない」と言われたのなら、自分たちの学問的見地を踏まえて、この報告書を作ったのでしょうから、「どこが間違っているんだ」と聞かなくてはならない。でも、声なしだ。「首相が言っているんだからしょうがないね」ということだ。首相は「大バカ者だ」と言ったんでしょ。これは忖度政治の一環ではないですか。

報告書は全部事実だ。嘘は書いていない。官庁の統計資料として出ているものに基づいている。ご丁寧に報告書は「年金でこれから安心して暮らしていけると思うのは間違いだから、気を付けてください」「少ない資産でも頑張って運用してください」という。この報告書は証券会社や金融機関が、頑張って資金を増やしてくださいと言っているようなものだ。それを受け取らなければ、ないものだ、という。そうすれば国民をだませると思っている。

現在の税制は企業や高額所得者に優遇措置がとられている。これを是正すれば消費税を上げる必要はない。年金財政もうるおう。いまの税財政を

2019年6月26日、首相官邸前（東京・千代田区）で行われた「年金払え！ 緊急アクション」に集まり声を上げる市民たち

そのままにして、私たちは安心して生活していくことはできない。私たちは怒りを広げ、参院選で安倍政権を必ず倒さないといけない〉

弁護士で、改憲問題対策法律家6団体の大江京子事務局長も発言。四つの問題点を指摘した。

〈第一に、政府のスタンスと違うので金融庁の報告を受け取らないというが、受け取らなければ、事実がなくなるのか。記録がない、廃棄、記憶がない、知らない。政府に不都合な公文書は改竄する。

第二に、嘘をつく。安倍政権は２０１３年のプログラム法で憲法23条の意味を全く変えてしまった。本来は国民の生活は国が責任を持つものだが、国は何もしなくていい、自立、自助に変えてしまった。貯蓄ではなく投資へという考えも安倍政権そのものだ。

第三に、生存権をないがしろにしている。税金や保険料を何だと思っているのか。投資に回せという。挙句に外遊で巨大な資金をばらまく。巨大な兵器ローンを進める。私たちは望んでいないことだ。

第四に、税の取り方の問題。大金持ち、大企業優遇の税制のために税収が不足した。その穴埋めを消費税でやる。こんな政治はもう許せない〉

## 選挙に行けば変わる

この参議院選挙は安倍政権の改憲と市民の生活と人権の破壊の政治を終わらせる絶好の機会だ。

この日の行動を呼びかけた「憲法９条を壊すな！ 実行委員会」は「選挙に行って変わること、選挙に行かないで変わること」というチラシを配布している。「参院選って言われても、自分の1票で何が変わるわけ？ 特に入れたい人もいないしさ～」と考える若者たちに呼びかけるチラシだ。チラシは先の市民連合と立憲野党が調印した政策協定の要約を紹介しながら、「棄権してきた47％の人が動けば政治を、世の中を変えられる。自分の未来のことだから選挙にいかなくっちゃ！」と呼びかけている。

# 本質的議論を回避したのは自民（2019・7・26）

今回の参議院選挙は安倍晋三首相率いる自民党が、憲法論議を実際の争点にした初めての国政選挙だ。従来から自民党は「憲法改正を争点にする」と言ってきたが、実際の選挙戦では改憲にはほとんど言及しなかった。今回も自民党の主要政策では憲法問題は6本柱の最後におかれたが、従来とは少し様相が変わって、さまざまな場面で安倍首相の口から頻繁に憲法問題が語られるようになった。

首相の発言の変化の理由は、一つには2017年に彼が新しい改憲論（憲法第9条は残して、これに自衛隊の根拠規定を附加する）を示したとき、20年発効という期限を示し、そのタイムリミットが迫ってきたこと。もう一つは両院で改憲賛成派が改憲発議可能な3分の2の議席を占めているにもかかわらず、憲法審査会で改憲論議が進んでいないことへの国会内外の改憲派の不満が極度に高まっていることだ。首相と自民党は参院選で改憲を声高に叫ばざるをえないところに追い込まれてきた。

しかし、今回の首相の「改憲」発言は中身がスカスカで、焦点そらしの感がある。

たしかに政策集などでは、自民党は「改憲は結党以来の党是だ」などとして自衛隊の明記、緊急事態対応など4項目を書くが、選挙戦の中では、これを具体的に説明する場面はほとんどない。

「自衛隊は憲法違反という共産党と立憲民主党が共闘するのはおかしい。憲法に自衛隊を明記して、この不毛な論争に終止符を打つ」などと野党共闘を攻撃する。しかし、なぜか自民党や各候補者の選挙公報には憲法問題が見当たらない。改憲の主張が必ずしも世論の支持を得られていないことを見越しているかのように見える。

## 「有志連合」の危険性

「憲法について議論する政党を選ぶのか、議論しない政党を選ぶのか。それを決める選挙だ」

参院選で首相がしばしば使った決めぜりふだ。

しかし、「野党が国会で憲法論議に応じない」などという指摘は事実を歪曲している。自民党は、先の通常国会でも野党の予算委員会開催要求を3カ月半にもわたって拒否、かつては憲法にもとづく臨時国会開催要求すら無視した。憲法論議をしたいのなら予算委員会で縦横に議論すればよい。首相らの言辞はダブルスタンダードだ。

「選挙に行こう」と呼びかける市民グループのパフォーマンス。2019年7月15日。東京・新宿駅西口

自民党が自らの加害案を提示し、議論の場にしたいと望んできた衆院憲法審査会の議論が進んでいないのは野党の妨害によるものではない。この間、首相が憲法99条の憲法尊重・擁護義務に反して、改憲誘導発言を繰り返してきたことは目に余る。この憲法違反の責任を明らかにしない限り、憲法審査会の開催の前提が成り立たないのは当然のことだ。

立憲民主党の枝野幸男代表は改憲を急ぐ自民党に対して「憲法違反の安保法制が強行されたまま、それを棚上げにして条文改正をすることは無責任」と主張している。共産党の志位和夫委員長が指摘するように、集団的自衛権が行使できる「自衛隊」を憲法に明記することは自衛隊が米国とともに海外で血を流して戦うことを合憲化することであり、憲法9条に真っ向から反することだ。

首相はこれらの自衛隊明記の本質的な議論をそらして、「憲法審査会で議論するか、どうか」などという問題に矮小化している。

おりしも米国がホルムズ海峡などの船舶護衛のため「有志連合」結成を目指しており、自衛隊にも派遣要請があるかもしれないという緊張した局面だ。政府はこの問題を日米貿易交渉同様、参院選後に先送りしている。しかし、このままでは自衛隊は米国の対イラン戦争に引きずり込まれかねない。まさに安倍首相が強行した憲法違反の「安保法制」の問題であり、憲法に自衛隊を明記することの危険性を示している。(7月19日記)

# 改憲は安倍政権の〝アキレス腱〟（2019・8・9）

第25回参議院選挙では立憲野党と市民の共同の力が自民党の議席を減らし、安倍晋三首相の最大の政治目標である憲法9条の改悪に不可欠の、参院の3分の2議席確保を阻止した。自民党は単独過半数も確保できなかった。これは安倍政権の米国追従と戦争する国づくりをすすめる政治に対する重大な打撃だった。

首相は「安定か、混乱か」などと恐怖を煽り立て、安倍政権への支持を獲得しようとした。同時にひとり異様なほどに「憲法を議論する政党か、議論しない政党か」と叫んで、自らが狙う改憲への布石を打とうとした。

立憲野党各党と市民連合は13項目の政策合意をまとめ上げ、全国32の1人区において統一候補を擁立し、安倍政権と対決して闘った。これは2016年の参院選の成果（11議席）に匹敵する10選挙区での勝利を実現し、改憲派の3分の2議席の確保を打ち破るうえでの大きな要因となった。とりわけ辺野古新基地建設に反対する闘いの沖縄県、また陸上イージスアショアの導入反対の秋田県、さらに〝安倍忖度政治〟の腐敗を追及する新潟県、加計学園の疑惑追及の愛媛県において、野党の統一候補が自民党の候補を打ち破った。

首相は選挙投開票後の7月22日、記者会見で「改憲問題」について「街頭演説の度、議論を前に進める政党を選ぶのか、それとも議論すら拒否する党を選ぶのか、今回の参院選はそれを問う選挙だと述べた。少なくとも議論は行なうべきである、これが国民の審判だ」と強調した。これは全くの嘘だ。7月22～23日の共同通信の世論調査では「安倍政権下での改憲」に反対は56・0％で、賛成の32・2％を20ポイント以上、うわ回った。審判が下ったのは「安倍改憲は必要ない」ということだ。主要政策課題の要求では改憲の課題は常に最下位の辺りにある。

憲法を守れない首相の下で、憲法を変える切実な必要性を感じない野党が「それぞれの案」を提出して、議論するなどあり得ない。

## 困難な政権の「安定」

首相は選挙の結果を受けて、目標にしていた20年改憲施行を、自らの総裁任期切れの21年9月までと大幅に先延ばしした。しかし、与党の公明党は「選挙の結果を改憲議論促進と受け止めるのは少し強引だ」と批判し、自民党内からも「党内でちゃんとした議論がない」（石破茂氏）などという異論が噴出している。

首相は苦し紛れに野党の切り崩しと改憲派の再編成に命運をかけるが、これも容易ではない。勝利した1人区では野党は市民連合をはじめ多くの市民と共同してたたかった。おいそれと首相の懐柔策に乗るような条件はない。

安倍政権下でのアベノミクスによって、民衆の生活が一層破壊され、社会に格差と貧困が拡大した。さらに消費税の引き上げや年金支給の削減などで、人々の苦しみがいっそう増大し、不満が鬱積するにちがいない。首相の米国・トランプ政権追従のもとで対イラン「有志国連合」参加など戦争参加の企てに反対する声や、日韓・日朝の緊張を激化させる安倍政権の右翼ナショナリズムによる政治、沖縄・辺野古の基地建設に反対する闘い、新防衛大綱路線による日米軍事同盟の強化と軍事大国化に反対する闘いなどと結び付いて、改憲を阻止する運動は強化されるだろう。政権の「安定」は困難だ。

安倍政権は10月の天皇即位礼や20年のオリンピック、および解散・総選挙などを最大限に利用して政権浮上を図り、その機に乗じて改憲発議を企てるかもしれない。しかし、不安定な政権下での改憲への固執こそ、安倍政権の〝アキレス腱〟であり、退陣に追い込むカギだ。秋の臨時国会で、「安倍改憲」を葬り去る闘いを一層強化し、戦後最悪の政権、安倍晋三政権をうち倒さなくてはならない。

**猫辞苑**

**「防衛費」**

**国民の生活を防衛するためにできるだけ削るのが望ましい**

【主張するネコたちのこと】より

# 日韓問題を悪用する安倍政権（2019・8・30）

参議院選挙で〝改憲必要条件〟の3分の2を失った後の7月22日、安倍晋三首相が記者会見で「改憲問題」について述べた談話は、いくつもの問題を含んでいる。

第一は「街頭演説のたび、議論を前に進める政党を選ぶのか、拒否する党を選ぶのか、それを問う選挙だと述べた。少なくとも議論は行なうべきだ、これが国民の審判だ」と勝利を強調したこと。

第二は「自民党だけでなく、野党も改憲案を持ち寄って憲法審査会で活発な議論を進めよう。自民党のたたき台案だけにとらわれず、憲法改正案の策定に向かって強いリーダーシップを発揮していく」と述べたこと。

第三はこれまでの2020年の改憲の目標を「2021年までの任期中」に変えたこと。

これは従来の安倍改憲論の破綻だ。改憲を企てる安倍首相にとって野党勢力の分断による政治再編しか残されていない。

しかし、遅滞する安倍改憲に対して、「日本会議」など安倍政権支持勢力の中から、不満が噴きだしている。たとえば長谷川三千子氏（埼玉大学名誉教授）は「いまこそ憲法9条2項の削除を」（『産経新聞』8月7日付）と17年以来の安倍改憲論の方向転換を迫っている。公明党は山口那津男代表がくりかえし9条改憲慎重論を唱えている。参院選での敗北の結果、与党や安倍支持勢力に動揺が生じている。改憲は安倍首相が望むようには進んでいない。

米国、朝鮮、韓国などの間で、東北アジアの非核・平和へのプロセスがねばり強く積み重ねられる中で、ひとり安倍政権のみが蚊帳の外だ。逆に韓国大法院（最高裁）の徴用工問題での判決を機に、これに介入し、経済報復を発動し、日韓関係を戦後最悪の事態に追い込んだ。安倍首相と自民党などからは嫌韓ムードが煽られている。憲法改悪と結び付けて、17年にミサイル危機が叫ばれ、戦争の危機が煽られたように、いま「韓国との経済戦争」が叫ばれている。

安倍首相らはこれを憲法9条改憲の正当化や、新防衛大綱にみられるような軍事力の強化に利用しているのではないか。

## 「光復節」の韓国で

8月15日、韓国・ソウル市では終日、さまざまな市民団体による集会が開かれた。この日を韓国では日本の植民地から解放された日、「光復節」と呼ぶ。夕刻18時からは750もの市民団体が共同してキャンドル大集会が開かれ、10万人を超える人びとが参加した。集会を組織したのは広範な市民社会によって構成される「市民社会連帯会議」など4団体だ。

2019年8月15日、韓国の光化門前の光復節集会で「NO!アベ」を掲げる約10万人の市民

集会ではパンチの利いた若者たちの音楽がくりかえされ、その合間に各界の市民からのスピーチがあり、「NO！アベ」と書いたプラカードとキャンドルが打ち振られた。雨模様の空とは対照的な明るい、開放的な集会だった。

この大集会で筆者は「総がかり行動実行委員会」を代表して大要以下のように発言した。

平和憲法の改悪を自らの歴史的任務ととらえる安倍政権は日本の戦後歴代の政権の中でも、最も反動的な政権だ。必要なことは徒に国と国の対立を煽り立て、緊張を激化させる政策を進めるのではなく、かつての日本が朝鮮半島をはじめとするアジア諸国を侵略し植民地化した歴史を直視し、その厳しい反省の上に、東北アジアの非核・平和と共生を目指すことだ。日本の市民社会は安倍政権のこの韓国敵視の決定の撤回を求める。

私はいま、韓国の市民の皆が掲げる「NO！アベ」のプラカードを痛恨の思いで見ている。このスローガンを韓国の市民に叫ばせている責任は私たち日本の市民にもある。私たちの安倍政権との闘いが道半ばの故だ。日本市民の責任において、再び戦争の道を歩もうとする安倍政権を打倒するまでみなさんと共にたたかう——と。

# 改憲に向けた9月人事の眼目

（2019・9・13）

10月4日に第200回臨時国会が召集されるという。対外的には対韓国、対イラン、対米貿易問題等、国内的には年金に関する「財政検証」の公表等々、内外に問題が山積しているのに、国会は先の通常国会から実質3カ月の休会だ。内外の諸問題全般の議論を行なうべき予算委員会は半年以上、開かれていない。安倍一強政治の下で国会は機能不全に陥っている。

安倍首相は9月上旬にも秋の臨時国会に向けて、改憲布陣強化のための内閣改造と自民党役員人事に着手する。その最大の眼目は先の参院選で改憲派が発議可能な3分の2を失ったもとで、改めて野党勢力を分断し、政界再編を進めるための体制を作ることにある。

一部には、参院選の結果、改憲派と改憲反対派の議席数の差が数議席しかないことをもって、改憲派による「引き抜き」工作での議席差の逆転を危惧する向きがある。しかし、議員の誰彼の動向に一喜一憂する必要はない。自民党が発議強行という脅しの議席を失った点での今回の参院選の結果が意味するものは大きいが、改憲の実現は数議席程度の差の穴埋めなどでは解決しない。改憲派にとって必要な条件は、改憲反対の野党戦線の一角を切り崩し、力関係を大きく再編することにある。もともと憲法96条が規定する改憲発議必要条件の3分の2の規定は、与党のみで改憲発議にはしることなく、最低限、主な野党の賛成も得て発議することが想定されているという解釈がある。この考えでいけば主な野党を改憲派に引き込むかどうかこそが、安倍改憲達成の眼目となる。

臨時国会以降の安倍首相らの改憲多数派工作の中心は、公明党と日本維新の会を抱え込むだけでなく、野党第一党を、それが難しければせめて野党第二党を改憲陣営に引き込むことだ。これこそ国民投票という高いハードルを乗り越え、2021年の安倍首相の任期中の改憲を実現する道だ。

今回の安倍改憲人事は、公明・維新を引き付け、かつ野党との協議・協調を進める能力を持った人事でなくてはならない。昨年10月の下村博文自民党憲法改正推進本部長、新藤義孝衆議院憲法審査会筆頭幹事、萩生田光一自民党幹事長代行など改憲強硬派で固めた党人事は憲法審査会を巡って与野党対立を激化させ、結果として失敗した。

**あんなに**
**「自己責任」**
**「自己責任」って**
**うるさく言うくせに**
**ちゃんと責任をとった**
**政治家が**
**全然いないのはなぜ？**

【主張するネコたちのこと】より

これら安倍首相の腹心の改憲強硬派を生かしながら、どのように野党再編に着手してくるか、安倍人事は容易ではない。

## 私たちの課題

当面、自民党はこの秋の臨時国会で、衆議院憲法審査会の再始動に全力を傾注する。その場合、これまでの国会で継続審議となってきた改憲手続法（いわゆる国民投票法）の改正問題を、与党がこだわってきた公選法並びの「改正」（微修正）にとどめることなく、国民民主党や立憲民主党が主張してきたテレビCM規制の問題などにまで議論の間口を広げ、憲法審の再始動の契機とするに違いない。すでに国民民主党は対案を持っており、立憲民主党は枝野幸男代表の参考人招致を主張している。

自民党はこのテレビCM問題の議論と並行して、衆院憲法審での「自由討議」の場を設定し、改憲論議を本格化すべく自民党改憲案の「提示」を狙っている。

私たちの課題の第一は、安倍改憲の布石としての憲法審査会の再始動にあくまで反対する。第二は、その議論に際しては継続審議となっている改憲手続法の「改正」問題と「並行して自由討議」を設定するなどは認められない。第三に、検討すべき改憲手続法の問題点はテレビCM問題に限らず、いくつもある。そして第四に「国会で憲法に関する議論をする」ことをまじめに望むなら、改憲が出口になっている憲法審ではなく、予算委員会で縦横に憲法論議をすべきだ、などである。

# 内閣改造で改憲はどうなるのか（2019・9・27）

9月11日、第4次安倍再改造内閣と自民党の新4役が発表され、安倍晋三首相はじめこれらの主要メンバーが一様に「一丸で改憲を進める」と強調した。にもかかわらず、最も肝心な自民党憲法改正推進本部の本部長人事はまる1日以上、もたついた。13日のメディアは細田博之元官房長官・党内最大派閥の細田派会長の再起用と、根本匠改憲本部事務総長、山下貴司改憲本部事務局長と2人の閣僚経験者による事務局体制、加えて佐藤勉元国会対策委員長の衆院憲法審査会会長への登用を報じた。

新内閣は極右「日本会議」メンバーと首相側近によって固めた〝極右内閣〟だ。一方、自民党の新役員人事の特徴は先に決定した二階俊博幹事長と岸田文雄政調会長の続投と合わせて野党対策重視の布陣にある。これらの面々のいずれもが「野党とのパイプがある」ということが売りだ。

首相ら改憲派は今回の参議院選挙で改憲発議に必要な3分の2を失った。2020年の東京五輪の後にも実施するかもしれない次回の衆議院選挙では、安倍改憲に反対する野党の小選挙区での候補者一本化の動きが確実で、改憲派はここでも3分の2以上の議席を確保するのはほぼ困難だ。それでも21年の任期中の改憲に安倍首相らがこだわるとすれば、現在の安倍改憲派対改憲反対派の構図を変えて、野党陣営を切り崩し、新たな改憲賛成派を作るしかない。

## 審査会では強行採決も

しかし、この奥の手の「野党分断」策は、いま立憲民主党と国民民主党、社会保障を立て直す国民会議などが結成しようとしている院内統一会派の成立によって容易ではなくなる。（19日、統一会派結成で最終合意）

自民党の4項目の「改憲たたき台」案に対しては改憲派のなかでも強固な一致はない。

【主張するネコたちのこと】より

連立与党の公明党では支持母体の創価学会の一部を中心に「9条改憲」への根強い疑念がある。日本維新の会の改憲論は自民党改憲4項目のうち「教育の充実」が優先課題で、9条は自民党の案に反対しないという受け身の姿勢だ。「緊急事態条項」「合区解消」などの項目も改憲派内部で必ずしも一致がない。それでも、自公与党に維新の会を合わせても3分の2にならない。いずれかの野党を加えるとしたら、改憲項目での合意はさらにあいまいになる。

この一致をつくり出すためには野党を憲法論議に巻き込んで、憲法審査会などでの議論を経たうえで、圧倒的多数の支持を得ることができる改憲原案を作る必要がある。しかし、この議論の過程で、自民党は各党派の意見を取り入れることでは譲っても、自衛隊の根拠規定を書き加えるという改憲項目は譲れないだろう。この矛盾の解決は容易ではない。

野党の多くは「憲法違反を繰り返してきた安倍首相が率いる自民党に改憲案を提起する資格はない」と考えている。立憲野党は安倍改憲案の採決に同調しないから、改憲派が憲法審査会で改憲原案を成立させるためには強行採決以外にない。強行採決で無理やり作った改憲原案が衆参両院で3分の2以上の支持を得ることができるかどうか、極めて厳しい。

加えて、国会が発議した改憲案は、「国民投票」による承認を経なくてはならない。改憲派に極めて有利に作られている憲法改正手続法（国民投票法）ではあるが、否決になるリスクは大きい。

共同通信社が内閣改造を受けて9月11、12両日に実施した世論調査では「安倍晋三首相の下での憲法改正」に反対は47・1％で、賛成38・8％だった。この傾向はこの間ずっと続いている。明らかに民意は「改憲」を望んでいない。

首相は「自分の手で改憲をやり抜く」という決意のもとで、今回の内閣と党の人事を固めたが、めざす改憲は、前途多難だ。

# 総がかりで改憲策す自民執行部（2019・10・11）

安倍首相は、2017年に「9条1・2項を残して自衛隊の根拠規定を付加する新憲法案」を提示したとき、20年までに改憲を実施すると言明したがうまくいかず、今日では首相周辺は「21年の通常国会までに改憲案を発議する」に後退した。そのためには今秋の臨時国会、来年の通常国会と臨時国会で改憲論議を終え、野党の反対があっても改憲原案を強行採決するというシナリオにならざるをえない。残された日数はあと1年余という極めてタイトな日程だ。

焦った首相は先の党役員人事で改憲のための挙党態勢を作り、自民党は従来の党内の改憲積極派、消極派をあげて「総がかり」で改憲に動き出した。とりわけ従来消極派だった二階俊博幹事長、岸田文雄政調会長の動きが著しい。

二階幹事長は「憲法改正は、ほかのいかなる議案よりも重要だ」（9月24日記者会見）と述べ、自ら10月半ばに地元の和歌山県で異例の1000人規模の「憲法集会」を開くと言明した。岸田政調会長は「改憲をテーマにした地方政調会」を開く構想を語るなど、自衛隊明記の改憲4項目の議論の活発化への意欲を表明。稲田朋美幹事長代行は自らが共同代表の「女性議員飛躍の会」などで憲法の全国行脚を始めた。稲田氏は「女性は9条改正に対する抵抗感が強い。女性の立場から丁寧に改憲の必要性を訴える」と語っている。

本誌連載㊺で紹介したように、自民党執行部は新役員人事を配した首相直属の党機関「憲法改正推進本部」と連携し、地方や草の根などからも改憲世論作りを強化。併せて両院の憲法審査会の再始動を進め、「ワイルドに」（萩生田光一元幹事長代行・現文科相）改憲発議を目指している。しかし、こうした動きは昨年の下村博文会長らの自民党憲法改正推進本部の前のめりの強引な動きが、かえって改憲の動きを遅れさせてしまったようなリスクをはらんでいる。

## 古賀誠氏も批判

石破茂元幹事長は自民党の４項目改憲案が党の意思決定機関である総務会の決定を経ていないことなどを厳しく批判している。

また最近、自民党の長老・古賀誠元幹事長（岸田派宏池会名誉会長）が著書『憲法九条は世界遺産』（かもがわ出版）を出版し、「九条には戦争遺族の血と汗と涙が込められている。戦後不戦を貫いた九条の力は世界遺産だ」と訴え、現職議員には「平和に関しモノを言える国会議員であってほしい」「九条を大切だと考える人々は、立場の違いを超えて協力する必要がある」と呼びかけた。何を根拠に改憲をそんなに急ぐのか、と問い「とくに決定的なのは、国民の憲法改正に対する盛り上がりが極めて少ないことです。憲法改正が必要だというひとはそこそこいますけれども、しかしなぜいますぐやらなければならないかということになると、誰が見ても説得力に欠けるので、なかなか盛り上がりません」と指摘、安倍首相が強引に改憲を急ぐことを戒めている。

戦争法強行採決から丸４年。国会議員会館前で「安倍９条改憲NO!」などの大行動。2019年９月19日（撮影／金浦蜜鷹）

こうしたまっとうな声が自民党執行部に届かないのは、小選挙区制を背景にした自民党の総裁・幹事長の独裁体制にある。この選挙区制によって、自民党全体がいわゆる「ヒラメ」、上部の意向を忖度する集団になっている。中選挙区制の下でのかつての自民党がよかったとは言わない。しかし、自民党のリベラルである宏池会の源流だった宮澤喜一元首相らは今よりは自由に憲法を議論した。この硬直した安倍自民党で執行部が総がかり体制を演出しても、果たして改憲突破ができるのか。先の党総裁選で石破氏が地方票の約45％もの票を得たことが自民党の危機を表している。

与党改憲派と野党および国会外の改憲反対の市民の激突の時期がきた。11月３日には午後２時から国会正門前で大規模な憲法集会が行なわれる。

# 憲法審査会再始動への反対理由（2019・10・25）

いま、政府与党関係者から一斉に憲法審査会の再開を要求する声が上がっている。

10月4日、臨時国会の所信表明演説を安倍首相は「令和の時代に、日本がどのような国を目指すのか、その理想を議論すべき場こそ、憲法審査会だ」と結び、国会議員の責任を強調した。5日、大島理森衆院議長や自民党の森山裕衆院国対委員長や公明党の北側一雄憲法調査会長も「憲法審査会で積極的に論議すべき」と表明した。

10月1日、自民党の細田博之憲法改正推進本部長はテレビの番組で「（参院選で改憲勢力の議席が3分の2割れしたことで）安心していろんな議論ができる環境が整った」「もっと率直な議論をして大丈夫な段階だから、皆さんを誘っている」などと述べ、改憲論議の促進を主張した。また細田氏は国民投票法改正案の議論の審議中にも自民党改憲4項目を提示する可能性を示唆した。

安倍首相は先の参議院選挙で、「憲法について、議論をしない政党か、議論する政党か」と繰り返し述べ、民意の多数は「改憲論議を推進すべき」という立場を支持したと強調し、あたかも改憲論が支持されたかのようにすり替えて宣伝した。しかし、10月5、6日の共同通信の世論調査では「安倍晋三首相の下での憲法改正」に賛成が37・3％、反対が48・4％で、同日の日本世論調査会の調査では賛成39・8％、反対51・0％だった。

首相は「国会は憲法論議をすべき」と声高に叫ぶが、この間、国会の憲法論議を回避してきた責任は第一に与党側にある。2019年、衆議院予算委員会は3月以降、野党が繰り返し開催を要求してきたにもかかわらず、与党の拒否によって約半年にわたって開かれなかった。予算委員会こそこの国の憲法にかかわるすべての問題を広範に積極的に議論できる場だ。この予算委員会の開催を長期にわたって拒否しておいて、「国会は憲法論議を進めるべきだ」などと、どの口が言えるのか。確かに国会には憲法論議の場として憲法審査会もある。しかし憲法審査会は「憲法に関する総合的な調査」と「改憲原案」を作成するという出口がある。世論の大多数が安倍政権の下での憲法改正を求めていないにもかかわらず、改憲原案の作成に通じる憲法審査会を動かすというのは妥当ではない。

臨時国会開会日、国会議員会館前で「改憲発議許すな！ 辺野古新基地建設は断念を！」と市民450人が結集（2019年10月4日、東京・千代田区）

## 野党の反応にも問題

しかし、野党の中でも必ずしもこの問題が整理されていない。

10月6日のテレビの番組で、立憲民主党の福山哲郎幹事長は文化庁による国際芸術祭「あいちトリエンナーレ2019」への補助金不交付を「憲法審査会で議論すべき課題だ」と主張した。同様の見解は10月12日の『東京新聞』で山花郁夫・衆院憲法審査会野党筆頭幹事も述べているが、この課題を第一義的に取り上げるべきは文部科学委員会や予算委員会であって、憲法審査会ではない。福山氏らの提起は自民党の改憲案の提示を狙う憲法審査会再始動の企てに塩を送ることになりはしないか。

自民党の下村博文選挙対策委員長が憲法改正の対象となり得る議論のテーマとして同性婚を挙げた際に、立憲民主党の山尾志桜里氏が「下村さん、ナイス!!……同性婚反対派もそこ逃げないでー。議論はしましょうよ、議論は！」とツイッターで返したのは情けない。下村氏の発言の意図が24条論議ではなく憲法審査会の再始動にあるのは明白だ。与党改憲派が圧倒的多数を持ち、マスメディアが公正に報道しない現状で、「議論」の効果を無条件に語るのは政治家としてどうかと思うが、いかがか。

憲法第99条の憲法尊重擁護義務のある安倍首相が、無責任に違憲の改憲発言を繰り返すもとで、憲法審査会が改憲のための議論の道を掃き清めることは許されない。憲法審査会はいま、再始動してはならない。

# 緊迫する憲法審査会めぐる攻防（2019・11・15）

10月31日、午前10時前から公明党・自民党などの委員が、衆議院の憲法審査会が開かれる予定の第18委員会室に着席し始めた。しかし、とうとう野党各党の委員は現れず、ほどなく散会した。

同時刻に、この日の憲法審を傍聴する予定だった総がかり行動実行委員会などのメンバー40人ほどが衆議院議員面会所で「報告集会」を行なった。集会では経過と現状の報告が行なわれ、続いて駆け付けた共産党の赤嶺政賢委員らから報告を受け、自民党の改憲4項目案の提示阻止、改憲発議阻止に向けた運動の強化を確認しあった。

もともとこの日は9月に衆院憲法審査会が欧州4カ国（ドイツ、ウクライナ、リトアニア、エストニア）の憲法事情を調査した件の報告に限定して開かれる予定だった。この報告自体は従来から知られている程度のことで、改憲論議に影響を与えるほどのものではないが、与党は報告会を呼び水にして、その後の憲法審の開催継続につなげようという魂胆がある。

10月24日の憲法審幹事懇談会では、すでに菅原一秀経産相の香典問題などによる辞任があり、「国会が波静かな場合において」欧州視察団報告のための憲法審を開催するという与野党の確認があった。しかし、この日の朝、憲法審の開会前に河井克行法務相の事実上の更迭事件という「大波」が発生してしまった。

わずか1週間の間に安倍内閣の閣僚2人が相次いで辞任した。第2次安倍内閣以来では10人の閣僚交代であり、驚くべき多数の違法・不祥事閣僚の続出だ。安倍首相は「任命責任は私にある」などというが、具体的には何の責任も取らない。31日は野党の抗議で国会のすべての審議がストップした。

このあと、11月6日と8日に首相出席の衆参の予算委員会の開催で与野党が合意したので、7日には「欧州視察団の報告」のための憲法審が開催された。本原稿が載る11月15日の前日、審査会の定例日（木曜午前）の14日に衆院憲法審が開かれるかどうか。開かれるとすれば、テーマは何になるか。自民党改憲案の「提示」の動きもあり、事態は予断を許さない。

## 安倍首相らの目論見

　自民党などの狙いは、とりあえず、2年前から継続審議になっている改憲手続法（いわゆる国民投票法）の改定のための論議と採択を行なうこと。その場合、野党が要求している同法の欠陥であるCM規制などの問題を引き続いて審議することを担保に、自民党案の「公職選挙法並びの改正」（投票の利便性をはかるなどの微修正）を先議・採決することだ。こうしておいて、CM規制などの議論は時間がかかるので、この審議と並行して審査会の委員相互の「自由討議」を行ない、その場で自民党の委員が「自民党改憲4項目案」を「提示」する狙いだ。こうして何とか、この第２００回臨時国会会期中に自民党改憲案の審議に入ったという実績をつくって、来年の通常国会、臨時国会で改憲案の発議にまでもっていきたいというのが、安倍首相らの目論見だ。

　こうした動きに反対して、市民たちは行動に立ち上がっている。11月3日、総がかり行動実行委員会などが主催する「安倍改憲発議阻止！　辺野古新基地建設やめろ！　東北アジアに平和と友好！　11・3憲法集会in国会正門前」が約1万名の市民の参加で開かれた。

　集会では立憲野党各党の国会議員と、韓国の市民団体から2名の代表が発言。日本の各界からは北原みのりさん（作家）、山本隆司さん（オール沖縄会議）など6名が発言した。参加者は安倍政権が進めようとしている憲法改悪を国会の内外で共同して阻止することを誓い合った。なお、この日は全国各地で同趣旨の行動が行なわれ、大阪集会の約1万2000名をはじめ、多くの市民が参加した。

2019年11月3日、国会正門前（東京・千代田区）の憲法集会で登壇した6名の韓国市民団体代表団

# 今国会での改憲案「提示」困難に（２０１９・11・29）

第２００回臨時国会も終盤にさしかかった。

安倍政権の重要２閣僚が公職選挙法違反の嫌疑を受け辞任しただけでなく、首相側近の萩生田光一文部科学相も「身の丈発言」や大学入試の英語民間試験問題などで責任を問われている。加えて、安倍晋三首相にまで「桜を見る会」での公選法違反の疑いが浮上した。

首相はこの11月20日で桂太郎首相を超えて、首相在位日数歴代1位になる。これは「他に適当な人がいない」ことで達成された記録だ。しかし、このところの政局を見ると「権力は腐敗する。絶対的権力は絶対的に腐敗する」（19世紀末の英国の歴史学者ジョン・アクトン）の格言そのものだ。

一方、憲法改正手続法（いわゆる国民投票法）の改定をめぐって衆議院憲法審査会が緊迫している。与党などは、昨年の通常国会に投票の利便性をはかるという理由で同法の「公選法並びの改正」案を提出し、都合、4国会で継続審議となった。同法はテレビ・CM規制に関する問題など多くの問題を含んだ法律であり、このまま実施されれば民意が公平に反映しない恐れがあることは、従来から法曹界や学界をはじめ、さまざまに指摘されてきたところだ。野党は「改正」を議論するなら、これらの問題の再検討は避けて通れないと指摘する。

## 首相任期中の改憲も困難か

この間、首相の憲法99条（公務員の憲法尊重・擁護義務）に反する発言が繰り返される中で、衆参両院の憲法審は1年3カ月あまりにわたって実質審議が止まってきた。今回、ようやく、憲法審の欧州視察団の報告を行なうという理由で、11月7日と14日に視察報告とそれをめぐる自由討議に限定して会議が開かれた。しかし、このあと、改憲手続法の議論に入るのかどうか、見通しが立たない。審査会の幹事懇談会などが断続的にひらか

おしえてネトウヨさん

かつてアナタは
税金を使って
日本の恥部を
描いた監督を
ハンニチと呼びました

それでは
税金を使って
日本の恥部
そのものの首相は
なんと呼べば
良いのでしょうか

【主張するネコたちのこと】より

れ、与野党の厳しい攻防が続いている。

自民党などはこの改憲手続法問題を早く処理して、憲法審に自民党の４項目改憲案を「提示」し、改憲論議に入ることを狙っている。そのために審査会の会長職権を行使してでも改正案を可決しろという強硬な声も出始めている。

しかし、「桜を見る会」問題が急浮上し、21日の衆院憲法審は流会となり、自民党の思惑は破綻した。

憲法審で野党の反対を無視して強行採決に出れば、その後の審査会運営が円滑に進まないのは明らかだ。立憲野党各党は「安倍政権下での改憲を阻止する」ことで足並みをそろえている。審議がズルズルするならば、首相が言う「任期中（２０２１年９月）に改憲の道筋をつけたい」という企ては水泡に帰する可能性がある。

従来から自民党の幹部たちは野党に対して「各党の改憲条文案を提出し、おおいに議論しよう」（14日、自民党・衛藤征士郎委員）などと迫ってきた。これに対して、14日に開かれた衆院憲法審では立憲民主党の山花郁夫・野党筆頭幹事が「党の案という形で改憲案を出すべきではないというのがこれまでの（立憲民主党の議論の）積み上げだ」として対案としての改憲案の提出を明確に拒否した。立憲民主党の近藤昭一委員は「憲法を変えていこうという機運があるとは思えない」と厳しく指摘した。

立憲野党と市民の共同の闘いで、もしこの臨時国会で自民党改憲案の「提示」ができなかったら、首相の任期中の改憲は困難になる。

改憲を急いでいるのは首相らだけだ。党利党略どころか、自民党の中からさえ、石破茂・元幹事長らが公然と首相の改憲案に反対している。時事通信の８月の世論調査で、「安倍政権下での憲法改正」については「反対」が41・３％で、「賛成」の32・１％を上回った。「どちらとも言えない・分からない」は26・７％だった。各種の世論調査でもほぼ同様の結果だ。

# 会期末の憲法審でのハプニング（2019・12・13）

11月28日午前に開催された衆議院憲法審査会で、終了直後にちょっとした変事があった。佐藤勉会長（自民）がこの日の審査会の終了を告げた後のことだ。筆者は傍聴席を退出する際に自民党の委員席の方で何かざわめきを感じた。

あとで調べると、委員として会議に出席していた石破茂・元自民党幹事長が、会長の運営に不満をあらわにして名札（憲法審では発言希望者は自分の名札を立ててその意思を表明することになっている）を机に叩きつけたのだという。

この日の会議は「（9月に行なわれた）衆院憲法審欧州視察団の報告とそれに関する自由討議」の3回目で、与野党筆頭幹事間で1時間の約束で開催されたもの。閉会まで与野党委員が15人ほど発言したが、当初から名札を立て発言を求めていた石破氏は最後まで指名されず、激怒した。なだめに入った山下貴司幹事（元法相・石破派）らに「全然、指名しない。発言させるなと指示でも出ているのか。民主主義の崩壊だ」と怒りをあらわにした。

石破氏は元々第9条の文言をそのまま残し、9条に自衛隊の根拠規定のみ付加するという安倍首相らの9条改憲案に反対で、9条2項の削除を主張している。自民党執行部はこうした意見を憲法審で表明されることを避けたかったのではないか。先般の会議では立憲民主党の山尾志桜里委員の「党議拘束を外して、自由に論議させよ」との発言を支持した自民党の新藤義孝筆頭幹事らのご都合主義が浮き彫りになった一幕だった。

憲法調査会以来の委員会審議を監視しつづけてきた筆者からみれば、現在の自民党の憲法審における佐藤—新藤体制の運営は乱暴だ。官邸の支持を振りかざすような強引な運営だ。与野党対話を重視する運営に注意を払ってきた自民党憲法族を排除したつけが今回の事件にも回ってきた。従来だったら、会長が時間がきたことで、発言希望者を一方的に断ち切るようなことはしなかった。時間が迫ってくると、与野党の筆頭幹事が発言要求者のところに足を運び、名札を倒すように説得し、納得ずくで運営していた。

## 解散・総選挙が切り札か

　この臨時国会は12月9日で終了した。臨時国会最終盤の11月27日、極右改憲派の櫻井よしこ氏ら「憲法を国民の手に！言論人フォーラム」は記者会見を開き、今国会中に国民投票法の成立を求めた。「維新の会」は「国民投票法案が仕上がらなければ、衆院解散に打って出て国民に信を問う必要がある」などと息巻いた。

2019年10月31日、衆院憲法審の与野党協議決裂後、傍聴予定者らによる衆議院議員面会所集会

　にもかかわらず、自民党など改憲派が意図した「憲法審の再始動」はかろうじて実現したものの、２０１８年通常国会から継続審議になってきた「改憲手続き法」改正の成立、自民党改憲4項目案の憲法審への「提示」は失敗に終わった。与党側の憲法審再始動の要求は「視察団報告」に限って受け入れるが、改憲手続法は一部改定ではなく抜本的再検討が必要という野党側の立場を崩すことはできなかった。国会外の市民の運動は野党各党の闘いを支持し、相次ぐ安倍内閣閣僚の公選法違反事件や、「桜を見る会」など安倍首相自身の公選法違反の嫌疑などを批判しながら、自民党改憲案の提示と発議に反対する声を上げ続けた。

　20年の第２０１通常国会では改憲派は、必死になって自民党改憲案の提示と、改憲論議を経て、改憲発議へと道をひらこうとする。「２０２１年9月の安倍総裁の任期期限までに改憲国民投票までは実施したい」とする首相らの目論見の成否は時間との勝負になった。この間には参議院選挙はない。解散・総選挙が首相らの改憲の機運を促進できる唯一の切り札だ。

　安倍長期政権のおごりと腐敗は目に余る。もうこんな政権はいやだ。憲法を生かし、立憲主義を守る政権に代わってもらおう。

# 政府間の危機は市民の手で打開（2020・1・10）

本誌前号（昨年12月20日号）の「風速計」で宇都宮健児編集委員が、韓国江原道春川市で12月5日～7日に開催された「東北アジア平和共存のための韓日平和フォーラム」についての報告を書いている。私も日本側参加者の一員としてこのフォーラムに出席したので、なるべく宇都宮報告と重複しない範囲で感想を述べたい。

２０１８年、朝鮮半島をめぐる南北関係、米朝関係にあらたな展開が生じ、戦争寸前にあった緊張関係が緩和し、平和プロセスが始まった。にもかかわらず、19年は日韓関係が国交正常化した１９６５年以来最悪になったことも多くの人々が指摘している。このような中で、日韓の各方面の民間団体や市民たちが、この状況を打開しようとして活発に動きをみせた。

筆者も19年後半、８月15日、韓国ソウルの光化門前の光復節を祝う10万人大集会に参加し、その後、韓国の市民団体と今後の日韓市民の連帯の方途について議論する機会があった。つづいて11月3日、日本の国会正門前で開かれた憲法記念集会には韓国の市民団体代表が６名参加して連帯の挨拶を行ない、交流した。11月中旬にはソウルで、韓国ＹＭＣＡなどが呼びかけた「朝鮮半島平和フォーラム」があり、日韓両国をはじめ、アジア９カ国から市民が参加した。その後、今回の春川市でのフォーラムがあり、帰国した翌々日の９日には東京で市民団体と宗教団体が「日韓宗教者・市民団体連帯プラットフォームをめざす準備会議」を開いた。日韓の政府関係がかつてなく冷え込んだなかで、筆者の周囲だけでも、このように多くの市民間の交流と議論が行なわれていることは重要なことだ。

春川市のフォーラムには際立った特徴があった。

第一は、主催が江原道とその道庁所在地の春川市という地方自治団体であったことにみられるように、全体を通じて「日韓の友好関係は両国市民の協力で」が強調されたこと。江原道は分断された朝鮮半島でも、唯一分断された自治団体であり、春川市からわずか数十キロの北方の休戦ラインでは、南北数十万の若者がお互いに銃口を向けあっている現実がある。この道と市が主催し、主管が翰林聖心大学（春川市）東アジア平和研究所、後援に江原道議会や各メディアがずらりと並んだ。実質的な中心は翰林聖心大学の尹載善教授が担った。日本側は日韓市民交流をすすめる市民団体「希望連帯」（白石孝代表）を中心に東京や関西などの各市民団体から参加する100名を大きく超える大型の合同代表団になった。

2019年12月6日、「韓日平和フォーラム」のまとめの全体集会でシュプレヒコールする日本側参加者

　第二は、「第二次世界大戦の痛みから始動した日本の平和憲法と、韓国戦争（朝鮮戦争）の傷として残っているDMZ（非武装地帯）を両国の市民の協力によって、北東アジアにおける平和資産として構築していくこと」（尹教授）が強調されたことだ。尹教授は「平和憲法の改正は、第二の韓国（朝鮮）戦争にふたたびつながるおそれがあります。韓国戦争が勃発すると、北東アジア全体が共倒れになります。私たちは市民の力でこのような戦争の危機を防がなければなりません」と日本の平和憲法の改悪を阻止することの重要性を語る。この切実感、切迫感が今回のフォーラムを成功させた原動力だった。

## 2020年に向けて

　雪の舞う帰路、立ち寄った春川のバスの駅で、たくさんの迷彩服を着た韓国軍の若い兵士たちに出会った。一瞬、熱い思いに浸っていた心が凍りついた。

　いま開かれつつある朝鮮半島の平和プロセスは決して一直線ではない。しかし、東北アジアの平和はこの地域に住むすべての人々の切実な願いだ。20年の新年、安倍首相らは改憲に全力をかけてくるに違いない。これを阻止するのは日本に生きる市民の責務だと肝に銘じたい。

# 「任期中」改憲への焦りと苛立ち（2020・1・24）

安倍晋三首相は年頭から各所で改憲の発言を繰り返している。行政府の長である首相自身が「自分の手で改憲を実現する」と騒ぎ立て、国権の最高機関である国会の憲法審査会での議論に干渉することが、3権分立の原則をわきまえない所業であるばかりか、憲法99条に反するものだとの各界からの指摘を無視し続けている。このところ、安倍首相のもとで国家財政の私物化、霞が関など国家機関の私物化が目に余るが、これは憲法の私物化であり、下克上状態だ。

しかし、強気に見えるその発言を検討してみると、2021年9月の自民党総裁任期切れという、考えられる限りギリギリのところまで改憲のタイムスケジュールを延長してみたものの、思惑通りには進んでいないことへの焦りと苛立ちが透けて見える。改憲への世論の根強い反対と立憲野党の共同した国会での闘いが、安倍改憲の流れを堰き止めているからだ。

自民党は1月7日、憲法改正を訴える2種類のポスターを発表した。同党が改憲に特化したポスターを張り出すのは初めてのことだ。キャッチコピーはともに「憲法改正の主役は、あなたです」。この文言は安倍首相の提案だという。各種の世論調査でも多数が「安倍政権下での改憲」に反対しているのに、誰が「主役」ですか。

「年頭所感」で安倍首相は「未来をしっかりと見据えながら、この国のかたちに関わる大きな改革を進めていく。その先にあるのが、憲法改正です」とのべた。

1月6日の「年頭記者会見」では「憲法改正を私自身の手で成し遂げていくという考えには全く揺らぎはない。しかし、同時に、改憲のスケジュールについては、期限ありきではない。まずは通常国会の憲法審査会の場において、与野党の枠を越えて、活発な議論を通じて、国民投票法の改正はもとより、令和の時代にふさわしい憲法改正原案の策定を加速させたい」と述べた。
「改憲の期限ありきではない」との発言は奇妙だ。「私自身の手で」ということは「自分の総裁任期中に」と言っているのに他ならない。
1月7日の「自民党仕事始め」では憲法改正については「私たちに課せられた大きな責任だ。大きな歩みを進めていこう」と改めて強調した。

国家の危機に即応できるように緊急事態条項が必要だ！
いえ危機の殆どを首相が作ってるわけで・・・・
【主張するネコたちのこと】より

## 改憲どころでない通常国会

安倍首相自身が描いている改憲スケジュールは「任期中」という期限があるためにきわめてタイトなものだ。すでに5国会にわたって継続審議になっている改憲手続法（国民投票法）の自民党改定案は、投票の利便性をはかるために先般実行された公選法改正に並べて同法を改定するというもので、野党各党や日本弁護士連合会などが要求する同法の問題点の抜本的改定とはほど遠い。自民党はこの改定をできるだけ早期に成立させ、第9条に「自衛隊」を明記するなどの4項目改憲案を憲法審査会に「提示」し、改憲論議を始めたいと考えている。そして21年の通常国会までに改憲原案をまとめ、国会で両議院総議員の3分の2以上の賛成で採決し、改憲の発議をして、国民投票を実施するというシナリオを描いている。

「桜」疑惑、「カジノ」疑惑など権力の私物化と腐敗が相次いで暴露され、さらに自衛隊の中東派兵まで絡んでくる中で、通常国会は波が高い。憲法調査会以来、与野党が合意してきた運営の在り方の原則、落ち着いた政治環境の下で、党利党略を排して憲法問題が議論されるべきなどという前提が存在しない。この通常国会においても野党が憲法審査会の再開においそれと同調できないのは当然のことだ。

にしても、空自の「航空宇宙自衛隊」への改称、違憲・脱法の閣議決定による海自の中東派兵などなど、安倍政権が憲法9条の条文を変えないもとで、次々と憲法破壊を進めていることは許せない。

# 憲法99条に抵触する安倍首相（2020・2・7）

安倍晋三首相は、年頭から繰り返し「任期中の改憲」実現を主張している。

1月16日の公明党・山口那津男代表が記者会見で、記者の質問に珍しく語気を強めて反問した。会場の記者から、改憲をめぐって首相が「私自身の手で成し遂げたい」と度々主張していることへの対応を問われ、山口氏は「安倍総理大臣として憲法を決定する権限はない。『総理大臣として』との言い方は誤解を招く」と反発した。

山口氏は「安倍総裁が憲法改正に意欲を示していることは承知している」と「総理」「総裁」分離で説明した。記者は「総理は『私自身の手で憲法改正を成し遂げたい』と発言している。総理大臣としてめざしているとの意欲に聞こえる」と再質問した。山口氏は「そういう風に聞こえるはずはない」と反論し、「憲法のどこに、総理大臣が発議したり、採決したりということが書いてあるのか。発議権は国会にしかない」と述べ、行政府の長である首相には憲法改正の権限がないのだから、首相が改憲発言するはずがないのだと主張した。山口氏は、その一方で「（総理ではなく）総裁の立場で意欲を示すことは否定すべきことではない」と補足説明した。

山口氏の発言には首相の憲法99条（憲法尊重擁護義務）に抵触する無責任な暴走への不満がある。しかし、首相の改憲言動は山口氏が言う「総理」と「総裁」の使い分け程度ではとうてい容認できるものではない。

実は首相のこの問題は憲法審査会などで野党側が繰り返し指摘してきたことだ。なぜ憲法審査会の運営が正常化しないのか、その原因は首相の憲法に対するこの根本的に間違った姿勢にある。

今年の通常国会での施政方針演説で首相は改憲について「（新しい憲法の）案を示すのは、私たち国会議員の責任ではないか」と述べ、憲法改正の実現に強い意欲を重ねて示し、衆参両院の憲法審査会の場で議論を進めようと呼びかけた。山口氏はこれをなんと見るのだろうか。首相のこの誤りは根深い。

## 第1次安倍政権時から

2007年の改憲手続法（国民投票法）の採決の際にもこの問題で大混乱が生じた。4月12日の衆院憲法調査特別委員会で中山太郎委員長は安倍首相（第1次安倍政権）の要求で質疑を強引に打ち切り、野党理事の抗議を押し切り採決した。実は中山会長らはこの採決に終始消極的だった。衆院憲法調査特別委員会では、中山会長も含めて自民党の船田元幹事や民主党の枝野幸男幹事（いずれも当時）らが法案一本化で06年末には大筋合意に達していた。にもかかわらず首相は07年1月の年頭記者会見で「私の内閣で憲法改正を目指す、7月の参院選では憲法改正を争点に据える」と述べ、国会の審議に介入した。これに民主党の小沢一郎代表が反発し、法案一本化は崩壊し、与党の強行採決になった。以来、憲法調査特別委員会（後に憲法審査会）の運営はギクシャクを繰り返した。

しかし、首相は事態がまったくわかっていない。

たとえば、18年の第4次安倍改造内閣の組閣と党役員人事に際して、憲法審査会の運営が思うように進まないことに業を煮やした首相は、従来の自民党側の幹事だった中谷元氏、船田元氏ら与野党協調派を外して、自分の意のままになる下村博文・元文部科学相を自民党憲法改正推進本部長に据えるなどして介入した。その結果、早速、下村氏は憲法審査会での野党の動きを「職場放棄」などと攻撃して、憲法審査会がにっちもさっちもいかなくなったことがある。

いま、首相らが「野党は憲法論議に応じよ」と宣伝を繰り返すが、憲法審査会の正常化の前提は首相がこのような憲法違反の言動を撤回し、謝罪することだ。

市民達は「改憲発議反対」の署名をもって、連日街頭に足っている（2020年1月26日、新宿駅東口アルタ前（撮影／川島進）

# ショック・ドクトリン改憲論（2020・2・21）

10年ほど前、ナオミ・クラインの『ショック・ドクトリン　惨事便乗型資本主義の正体を暴く』（岩波書店）という本が有名になった。大惨事下の人々が茫然自失状態に乗じて、信奉するイデオロギーを喧伝するやり方のことだ。

いま、この国の自民党など改憲派の中から〝ショック・ドクトリン改憲論〟ともいうべき発言が相次いでいる。新型コロナウィルスの感染拡大の危機に便乗して「憲法に緊急事態条項を新設しよう」という発言だ。

自民党の伊吹文明元衆院議長は1月30日の党会合で「緊急事態に個人の権限をどう制限するか。憲法改正の大きな実験台と考えた方がいいかもしれない」と発言した。

同じく自民党の鈴木俊一総務会長は1月31日の記者会見で、「（緊急事態条項の創設について）それも一つのやり方だ」と述べた。同じく小泉進次郎環境相は記者会見で「公益と人権のバランスも含め、日本としてどうすべきかが問い直されている」と述べ、「改憲論議の活性化」に期待を表明した。下村博文選対委員長は2月1日、「人権も大事だが、公共の福祉も大事だ。直接関係ないかもしれないが、（国会での）議論のきっかけにすべきではないか」と語った。また日本維新の会の馬場伸幸幹事長は1月28日の衆院予算委員会で、安倍晋三首相に「緊急事態条項について国民の理解を深めていく努力が必要だ」と迫った。

こうした惨事便乗型の緊急事態条項導入論に対しては国会の野党や識者から市民の健康を「実験台」扱いした伊吹発言はとんでもないし、「改憲しないと対策ができないというのはまやかしだ。現行法制で十分に対応できる」という批判が起こっている。実際、このウィルスの対策は現行法制の運用で全く対処可能であり、蔓延する状況が発生したのは、政府の対応（指定感染症の指定）が遅かったからだ。最初に日本で中国から来た感染者がみつかった時に指定していれば、蔓延は防御できた可能性が高い。この責任を回避して憲法改悪に結び付けるなど、とんでもないことだ。

## 9条破壊の動きと一体

許すな政治の私物化！ STOP 改憲発議！（2020 年 2月6日、北とぴあさくらホール）

もともと自民党には緊急事態条項の導入に関する強い欲求がある。2012年に採択した自民党の憲法改正草案では「内閣総理大臣は、我が国に対する外部からの武力攻撃、内乱等による社会秩序の混乱、地震等による大規模な自然災害その他の法律で定める緊急事態において、特に必要があると認めるときは、法律の定めるところにより、閣議にかけて、緊急事態の宣言を発することができる」「緊急事態の宣言が発せられたときは、法律の定めるところにより、内閣は法律と同一の効力を有する政令を制定することができるほか、内閣総理大臣は財政上必要な支出その他の処分を行い、地方自治体の長に対して必要な指示をすることができる」となっている。これは武力攻撃、内乱、大規模自然災害に際して、内閣は国会の審議を経ないで法律と同等の「政令」を制定することができるという、例のナチスによる国家緊急権の発動に通じるものだ。

現在自民党が唱えている改憲4項目のうちの「緊急事態条項改憲」は、反発が強い戦争などに関する文言を消して「大規模災害」に絞っているが、内閣が「政令」を制定するという点は変わりがない。もし、これが認められたら、以降、どこまで拡大するかわからない。

一部にある「9条改憲より怖い緊急事態条項」とか、「改憲の本丸は緊急事態条項」というプロパガンダについて一言。緊急事態条項の危険性を警鐘乱打するためという動機は理解できるが、こうした議論は運動をミスリードするものだ。自民党の改憲派が企てているのは9条のくびきを断ち切って日本を「戦争する国」にするためであり、まさに9条こそ本丸だ。緊急事態条項は9条破壊策動と一体のものとしてとらえるべきだ。

# 検察私物化で延命はかる安倍政権（2020・3・6）

通常国会が始まって1か月あまり。国会の議論があきれ返るほど、めちゃくちゃになっている。

首相や閣僚の答弁がいい加減であることに加え、国会の論議を経ないで重要課題の「閣議決定」などが繰り返されている。これでは3権分立や議会制民主主義は崩壊してしまう。自衛隊の中東沖派兵は国会の議論もないまま、閣議決定で強行された。黒川検事長の定年延長は国家公務員法の解釈変更で実施された。「桜を見る会」の首相答弁では「募ったが募集していない」などという珍答弁で居直った。その前夜祭のホテルの明細書は「例外なく主催者に発行する」というホテルの回答を無視して「個別案件は回答に含まれていない」などと強弁する始末だ。

新型コロナウイルス感染症が急増しているなかで開かれた対策会議には、小泉進次郎環境相、森雅子法務相、萩生田光一文科相の3人が地元選挙区の会合に出席して欠席しただけでなく、安倍首相の出席時間も数分程度という始末だ。

2月7日で定年退官する予定だった東京高検の黒川弘務氏の定年延長が1月31日の閣議で決まった。65歳が定年の検事総長を除き、検察官の定年は63歳。2月8日に63歳となる黒川氏は、検事総長に昇格しない限り、誕生日に定年退官するはずだった。官邸はその直前、「業務遂行上の必要性」を口実に過去に例のない定年延長に踏み切った。

現検事総長の稲田伸夫氏は今年7月末に、就任して満2年を迎える。この後任に官邸べったりの黒川氏を起用するための措置ではないかと思われる。こうすることで、政権中枢に迫る動きを見せている野党のモリカケ疑惑追及や「桜を見る会」追及をかわす布石を打ったに相違ない。さももっともらしく、「業務遂行上の必要性」は日産のカルロス・ゴーン問題であるかのようににおわせるが、この程度の追及は誰が検事長でも可能なものだ。

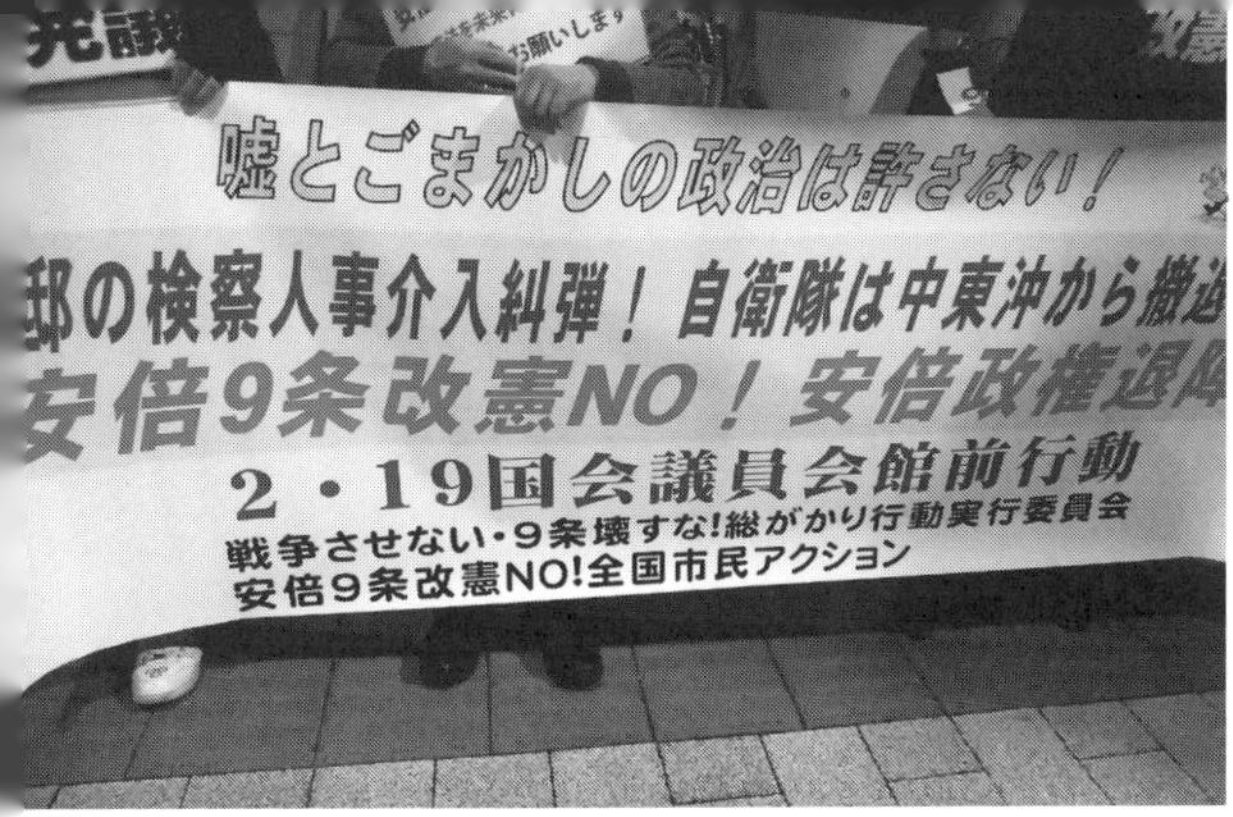

2020年2月19日夜、第53回「19日行動」。国会の議員会館前には1800人の市民が参加。「官邸の検察人事介入反対」とコール

安倍晋三首相は2月13日の衆院本会議で、黒川弘務・東京高検検事長の定年を半年延長した閣議決定は、法解釈を変更した結果だと答弁した。「検察官も国家公務員で、今般、検察庁法に定められた特例以外には国家公務員法が適用される関係にあり、検察官の勤務（定年）延長に国家公務員法の規定が適用されると解釈することとした」と述べた。本件での森法務相や人事院の松尾恵美子給与局長の答弁は二転三転し、政府答弁は完全に破綻している。

いまや安倍政権は自らの不正と腐敗への追及をかわし、延命を図るためには権力機関中の権力ともいうべき検察を私物化するまでになった。「独裁政権」という呼称は尋常ではないが、これ以外に何と呼べばいいのか。

## 自民方針案は改憲を前面に

こうした国会軽視がまかりとおるなかで、自らの任期中の改憲をめざす安倍晋三首相（自民党総裁）にとって、事実上、最後の1年となる自民党大会が、この3月に開催される予定だったがコロナウィルスとの関連で延期になった。すでにその「2020年運動方針」がメディアで伝えられている。

運動方針原案は「みんなが輝く令和の国づくり」と題し、本文冒頭に「憲法改正」を取り上げ、「新たな時代にふさわしい憲法へ」と題して、「改正原案の国会発議に向けた環境を整えるべく力を尽くす」と党の決意を鮮明にした。憲法問題を独立した章として前面に打ち出したのは、第2次安倍政権発足後、初めてのことだ。

そして「未来に向けた国づくりに責任を果たすため憲法改正を目指す」と決意を示している。いよいよ改憲問題は正念場にきた。

# 資料

# 自民党「改憲4項目」条文素案全文

自民党大会　２０１８・３・25

①【9条改正】

第9条の2

（第1項）前条の規定は、我が国の平和と独立を守り、国及び国民の安全を保つために必要な自衛の措置をとることを妨げず、そのための実力組織として、法律の定めるところにより、内閣の首長たる内閣総理大臣を最高の指揮監督者とする自衛隊を保持する。

（第2項）自衛隊の行動は、法律の定めるところにより、国会の承認その他の統制に服する。

（※第9条全体を維持した上で、その次に追加）

②【緊急事態条項】

第73条の2

（第1項）大地震その他の異常かつ大規模な災害により、国会による法律の制定を待ついとまがないと認める特別の事情があるときは、内閣は、法律で定めるところにより、国民の生命、身体及び財産を保護するため、政令を制定することができる。

（第2項）内閣は、前項の政令を制定したときは、法律で定めるところにより、速やかに国会の承認を求めなければならない。

（※内閣の事務を定める第73条の次に追加）

第64条の2

大地震その他の異常かつ大規模な災害により、衆議院議員の総選挙又は参議院議員の通常選挙の適正な実施が困難であると認めるときは、国会は、法律で定めるところにより、各議院の出席議員の3分の2以上の多数で、その任期の特例を定めることができる。

（※国会の章の末尾に特例規定として追加）

③【参院選「合区」解消】

第47条

両議院の議員の選挙について、選挙区を設けるときは、人口を基本とし、行政区画、地域的な一体性、地勢等を総合的に勘案して、選挙区及び各選挙区において選挙すべき議員の数を定めるものとする。参議院議員の全部又は一部の選挙について、広域の地方公共団体のそれぞれの区域を選挙区とする場合には、改選ごとに各選挙区において少なくとも1人を選挙すべきものとすることができる。

　前項に定めるもののほか、選挙区、投票の方法その他両議院の議員の選挙に関する事項は、法律でこれを定める。

第92条

　地方公共団体は、基礎的な地方公共団体及びこれを包括する広域の地方公共団体とすることを基本とし、その種類並びに組織及び運営に関する事項は、地方自治の本旨に基づいて、法律でこれを定める。

### ④【教育の充実】

第26条

（第1、2項は現行のまま）

（第3項）国は、教育が国民一人一人の人格の完成を目指し、その幸福の追求に欠くことのできないものであり、かつ、国の未来を切り拓く上で極めて重要な役割を担うものであることに鑑み、各個人の経済的理由にかかわらず教育を受ける機会を確保することを含め、教育環境の整備に努めなければならない。

第89条

　公金その他の公の財産は、宗教上の組織若しくは団体の使用、便益若しくは維持のため、又は公の監督が及ばない慈善、教育若しくは博愛の事業に対し、これを支出し、又はその利用に供してはならない。

# 〈日本知識人の声明〉韓国は「敵」なのか

2019年7月25日

## はじめに

私たちは、7月初め、日本政府が表明した、韓国に対する輸出規制に反対し、即時撤回を求めるものです。半導体製造が韓国経済にとってもつ重要な意義を思えば、この措置が韓国経済に致命的な打撃をあたえかねない、敵対的な行為であることは明らかです。

日本政府の措置が出された当初は、昨年の「徴用工」判決とその後の韓国政府の対応に対する報復であると受けとめられましたが、自由貿易の原則に反するとの批判が高まると、日本政府は安全保障上の信頼性が失われたためにとられた措置であると説明しはじめました。これに対して文在寅大統領は7月15日に、「南北関係の発展と朝鮮半島の平和のために力を尽くす韓国政府に対する重大な挑戦だ」とはげしく反論するにいたりました。

## 1　韓国は「敵」なのか

国と国のあいだには衝突もおこるし、不利益措置がとられることがあります。しかし、相手国のとった措置が気にいらないからといって、対抗措置をとれば、相手を刺激して、逆効果になる場合があります。

特別な歴史的過去をもつ日本と韓国の場合は、対立するにしても、特別慎重な配慮が必要になります。それは、かつて日本がこの国を侵略し、植民地支配をした歴史があるからです。日本の圧力に「屈した」と見られれば、いかなる政権も、国民から見放されます。日本の報復が韓国の報復を招けば、その連鎖反応の結果は、泥沼です。両国のナショナリズムは、しばらくの間、収拾がつかなくなる可能性があります。このような事態に陥ることは、絶対に避けなければなりません。

すでに多くの指摘があるように、このたびの措置自身、日本が多大な恩恵を受けてきた自由貿易の原則に反するものですし、日本経済にも大きなマイナスになるものです。しかも来年は「東京オリンピック・パラリンピック」の年です。普通なら、周辺でごたごたが起きてほしくないと考えるのが主催国でしょう。それが、主催国自身が周辺と摩擦を引き起こしてどうするのでしょうか。

今回の措置で、両国関係はこじれるだけで、日本にとって得るものはまったくないという結果に終わるでしょう。問題の解決には、感情的でなく、冷静で合理的な対話以外にありえないのです。

思い出されるのは、安倍晋三総理が、本年初めの国会での施政方針演説で、中国、ロシアとの関係改善について述べ、北朝鮮についてさえ「相互不信の殻を破り」、「私自身が金正恩委員長と直接向き合い」、「あらゆるチャンスを逃すことなく」、交渉をしたいと述べた一方で、日韓関係については一言もふれなかったことです。まるで韓国を「相手にせず」という姿勢を誇示したようにみえました。そして、6月末の大阪でのG20の会議のさいには、出席した各国首脳と個別にも会談したのに、韓国の文在寅大統領だけは完全に無視し、立ち話さえもしなかったのです。その上でのこのたびの措置なのです。

これでは、まるで韓国を「敵」のように扱う措置になっていますが、とんでもない誤りです。韓国は、自由と民主主義を基調とし、東アジアの平和と繁栄をともに築いていく大切な隣人です。

## 2、日韓は未来志向のパートナー

1998年10月、金大中韓国大統領が来日しました。金大中大統領は、日本の国会で演説し、戦後の日本は議会制民主主義のもと、経済成長を遂げ、アジアへの援助国となると同時に、平和主義を守ってきた、と評価しました。そして日本国民には過去を直視し、歴史をおそれる勇気を、また韓国国民には、戦後大きく変わった日本の姿を評価し、ともに未来に向けて歩もうと呼びかけたのです。日本の国会議員たちも、大きく拍手してこの呼びかけに答えました。軍事政権に何度も殺されそうになった金大中氏を、戦後民主主義の中で育った日本の政治家や市民たちが支援し、救ったということもありました。また日本の多くの人々も、金大中氏が軍事政権の弾圧の中で信念を守り、民主主義のために戦ったことを知っていました。この相互の敬意が、小渕恵三首相と金大中大統領の「日韓パートナーシップ宣言」の基礎となったのです。

金大中大統領は、なお韓国の国民には日本に対する疑念と不信が強いけれど、日本が戦前の歴史を直視し、また戦後の憲法と民主主義を守って進むならば、ともに未来に向かうことは出来るだろうと大いなる希望を述べたのでした。そして、それまで韓国で禁じられていた日本の大衆文化の開放に踏み切ったのです。

### 3 日韓条約、請求権協定で問題は解決していない

元徴用工問題について、安倍政権は国際法、国際約束に違反していると繰り返し、述べています。それは1965年に締結された「日韓基本条約」とそれに基づいた「日韓請求権協定」のことを指しています。

日韓基本条約の第2条は、1910年の韓国併合条約の無効を宣言していますが、韓国と日本ではこの第2条の解釈が対立したままです。というのは、韓国側の解釈では、併合条約は本来無効であり、日本の植民地支配は韓国の同意に基づくものでなく、韓国民に強制されたものであったとなりますが、日本側の解釈では、併合条約は1948年の大韓民国の建国時までは有効であり、両国の合意により日本は韓国を併合したので、植民地支配に対する反省も、謝罪もおこなうつもりがない、ということになっているのです。

しかし、それから半世紀以上が経ち、日本政府も国民も、変わっていきました。植民地支配が韓国人に損害と苦痛をあたえたことを認め、それは謝罪し、反省すべきことだというのが、大方の日本国民の共通認識になりました。1995年の村山富市首相談話の歴史認識は、1998年の「日韓パートナーシップ宣言」、そして2002年の「日朝平壌宣言」の基礎になっています。この認識を基礎にして、2010年、韓国併合100年の菅直人首相談話をもとりいれて、日本政府が韓国と向き合うならば、現れてくる問題を協力して解決していくことができるはずです。

問題になっている元徴用工たちの訴訟は民事訴訟であり、被告は日本企業です。まずは被告企業が判決に対して、どう対応するかが問われるはずなのに、はじめから日本政府が飛び出してきたことで、事態を混乱させ、国対国の争いになってしまいました。元徴用工問題と同様な中国人強制連行・強制労働問題では1972年の日中共同声明による中国政府の戦争賠償の放棄後も、2000年花岡（鹿島建設和解）、2009年西松建設和解、2016年三菱マテリアル和解がなされていますが、その際、日本政府は、民間同士のことだからとして、一切口を挟みませんでした。

日韓基本条約・日韓請求権協定は両国関係の基礎として、存在していますから、尊重されるべきです。しか

し、安倍政権が常套句のように繰り返す「解決済み」では決してないのです。日本政府自身、一貫して個人による補償請求の権利を否定していません。この半世紀の間、サハリンの残留韓国人の帰国支援、被爆した韓国人への支援など、植民地支配に起因する個人の被害に対して、日本政府は、工夫しながら補償に代わる措置も行ってきましたし、安倍政権が朴槿恵政権と2015年末に合意した「日韓慰安婦合意」(この評価は様々であり、また、すでに財団は解散していますが)も、韓国側の財団を通じて、日本政府が被害者個人に国費10億円を差し出した事例に他なりません。一方、韓国も、盧武鉉政権時代、植民地被害者に対し法律を制定して個人への補償を行っています。こうした事例を踏まえるならば、議論し、双方が納得する妥協点を見出すことは可能だと思います。

現在、仲裁委員会の設置をめぐって「対立」していますが、日韓請求権協定第3条にいう仲裁委員会による解決に最初に着目したのは、2011年8月の「慰安婦問題」に関する韓国憲法裁判所の決定でした。その時は、日本側は仲裁委員会の設置に応じていません。こうした経緯を踏まえて、解決のための誠実な対応が求められています。

## おわりに

私たちは、日本政府が韓国に対する輸出規制をただちに撤回し、韓国政府との間で、冷静な対話・議論を開始することを求めるものです。

いまや1998年の「日韓パートナーシップ宣言」がひらいた日韓の文化交流、市民交流は途方もない規模で展開しています。BTS(防弾少年団)の人気は圧倒的です。テレビの取材にこたえて、「(日本の)女子高生は韓国で生きている」と公然と語っています。300万人が日本から韓国へ旅行して、700万人が韓国から日本を訪問しています。ネトウヨやヘイトスピーチ派がどんなに叫ぼうと、日本と韓国は大切な隣国同士であり、韓国と日本を切り離すことはできないのです。

安倍首相は、日本国民と韓国国民の仲を裂き、両国民を対立反目させるようなことはやめてください。意見が違えば、手を握ったまま、討論をつづければいいではないですか。

**〈呼びかけ人〉(*は世話人)　2019年7月26日**

**現在77名**

青木有加（弁護士）、秋林こずえ（同志社大学教授）、浅井基文（元外務省職員）、庵逧由香（立命館大学教授）、石川亮太（立命館大学教員）、石坂浩一（立教大学教員）＊、岩崎稔（東京外国語大学教授）、殷勇基（弁護士）、内海愛子（恵泉女学園大学名誉教授）＊、内田雅敏（弁護士）＊、内橋克人（評論家）、梅林宏道（ピースデポ特別顧問）、大沢真理（元東京大学教授）、太田修（同志社大学教授）、大森典子（弁護士）、岡田充（共同通信客員論説委員）＊、岡本厚（元「世界」編集長）＊、岡野八代（同志社大学教員）、荻野富士夫（小樽商科大学名誉教授）、小田川興（元朝日新聞ソウル支局長）、大貫康雄（元NHKヨーロッパ総局長）、勝守真（元秋田大学教員）、勝村誠（立命館大学教授）、桂島宣弘（立命館大学名誉教授）、金子勝（慶応大学名誉教授）、我部政明（琉球大学教授）、鎌田慧（作家）、香山リカ（精神科医）、川上詩朗（弁護士）、川崎哲（ピースボート共同代表）、小林久公（強制動員真相究明ネットワーク事務局次長）、小林知子（福岡教育大学教員）、小森陽一（東京大学名誉教授）、在間秀和（弁護士）、佐川亜紀（詩人）、佐藤学（学習院大学特任教授）、佐藤学（沖縄国際大学教授）、佐藤久（翻訳家）、佐野通夫（こども教育宝仙大学教員）、島袋純（琉球大学教授）、宋　基燦（立命館大学准教授）、高田健（戦争させない・9条壊すな！総がかり行動実行委員会共同代表）、村竜平（秋田大学教育文化学部）、高橋哲哉（東京大学教授）、田島泰彦（早稲田大学非常勤講師、元上智大学教授）、田中宏（一橋大学名誉教授）＊、高嶺朝一（琉球新報元社長）、谷口誠（元国連大使）、外村大（東京大学教授）、中島岳志（東京工業大学教授）、永田浩三（武蔵大学教授）、中野晃一（上智大学教授）、成田龍一（日本女子大学教授）、西谷修（哲学者）、波佐場清（立命館大学コリア研究センター上席研究員）、花房恵美子（関釜裁判支援の会）、花房敏雄（関釜裁判支援の会元事務局長）、羽場久美子（青山学院大学教授）、平野伸人（平和活動支援センター所長）、広渡清吾（東京大学名誉教授）、飛田雄一（神戸学生青年センター館長）、藤石貴代（新潟大学）、古川美佳（朝鮮美術文化研究者）、星川淳（作家・翻訳家）、星野英一（琉

球大学名誉教授）、布袋敏博（早稲田大学教授・朝鮮文学研究）、前田哲男（評論家）、三浦まり（上智大学教授）、三島憲一（大阪大学名誉教授）、美根慶樹（元日朝国交正常化交渉日本政府代表）、宮内勝典（作家）、矢野秀喜（朝鮮人強制労働被害者補償立法をめざす日韓共同行動事務局長）、山口二郎（法政大学教授）、山田貴夫（フェリス女学院大学・法政大学非常勤講師、ヘイトスピーチを許さないかわさき市民ネットワーク事務局）、山本晴太（弁護士）、和田春樹（東京大学名誉教授）＊

〈韓国知識人の声明〉東アジアにおける平和の進展のために

東アジア平和会議・対話文化アカデミー・主権者全国会議　２０１９年10月10日声明文

**日本安倍政権の朝鮮半島政策の転換が必要である**

**転換の入り口に立って**

解放と分断に続いて朝鮮戦争を経験した後、韓国は１９６５年に韓日国交を樹立した。紆余曲折がなくはなかったが、韓国の民主化運動の成功や脱冷戦時代の到来に支えられ、日本の政界や市民社会は韓国社会の変化を認める認識の転換を示した。韓国の市民社会と政界から浮上した、過去の日帝植民地統治に対する指摘や謝罪要求に対し、日本の市民社会と政界からも次第に応答がなされて来た。中国の「大国崛起」から北朝鮮の核武装までが続く趨勢の中、安倍政権が平和憲法を廃棄し「戦争のできる国、日本」政策を強行しようとしていることに対し、平和体制を守らんとした明仁上皇の努力は高く評価されるべきであろう。

来たる10月22日、徳仁新天皇の令和時代が開かれる。韓国の人々は、平成時代同様に令和の時代にも、東アジアの平和を守るための努力が持続されるよう期待している。２０２０年には、世界の祭典である東京夏季オリンピックとパラリンピックが開催される。日本が隣国との間で、葛藤や敵対ではなく、和解と平和をひらいていくことを切に希望する。

１９６５年の国交正常化以来、最悪の状態に転落してしまった韓日関係と東アジアの平和を前進させるために、私たちは日本の安倍政権に対し、次のように求める。

1．安倍政権は、この間の朝鮮半島敵視政策を転換するべきである。不当な貿易規制などを撤廃するべきである。

2．「１９６５年体制」の不安定性を認め、その是正に取り組むべきである。

3．安倍政権は、日本が核兵器による最初かつ最大の被害者であったという歴史的事実を厳粛に受け止め、平和憲法体制を守り抜くべきである。韓国人も、日本人に次ぐ、核兵器による第二の被害者であった事実も想起させたいものである。

4. 日本が、韓国と共に朝鮮民主主義人民共和国の非核化を牽引し、更には、東アジアを非核兵器地帯につくっていく道のりで、韓国の誠実な同伴者になってくれるよう期待する。

5. 日本が、朝鮮民主主義人民共和国との長きにわたる異常な関係を最終的に清算することで、朝鮮半島と日本が新しい百年をともに切りひらいていくことを期待する。

いま、東アジアは転換の入り口に立たされている。2018年に韓国で起こった二つの事件が、転換の時代を象徴している。一つは、朝鮮半島の平和-非核化宣言であり、いま一つは、韓国大法院による強制動員賠償判決である。前者は、戦争の時代を終息させる過程の始まり、後者は、植民の時代を終える過程の始まりともいえよう。

3・1運動100年を迎えた2019年、私たちは、朝鮮半島の中に流れてきた時が植民と戦争にまみれていたことに対する悔恨を晴らし、来たる時を平和と協力で満たしていきたいと願う。それは、朝鮮半島の平和を未完の課題として残した停戦と、植民地の克服を未処理の課題として隠蔽した冷戦を、同時に克服することでもある。絶体絶命であった2017年の戦争の危機は、朝鮮半島の停戦と東アジアでの冷戦が折り重なり合って生じた結果といえた。それを克服する過程で「1965年体制」が浮き彫りになったことは、東アジアの歴史の自然な帰結であった。

## 安倍政権は朝鮮半島敵視政策を転換するべきである

「1965年体制」に対する日本安倍政権の一方的な解釈が、歴史の流れに背を向け、むしろ東アジアの平和を脅かすことになってはいないかを省察するよう求める。取り分け、安倍政権が7月初めに韓国への輸出規制措置を発動し、8月初めにホワイト国家リストから韓国を排除したことが、2018年に始まった朝鮮半島の平和—非核化を深刻に脅かしているという事実を指摘したい。また、安倍政権は、戦略物資が北朝鮮に流出された可能性を一連の措置の理由として言及したかと思えば、2015年の「慰安婦」合意や、強制動員関連の韓国大法院判決に対する不満をもあらわにした。どれが本当の理由なのか。

　安倍首相にとっては、内閣総理大臣として、植民地支配の直接的な被害者たちに謝罪を表明することこそが、合意の履行のための最小限の前提ではないか。ところが、安倍首相は、韓国国民に対する誠意ある謝罪を拒否し、日本の誠意を促す韓国の要求に対しては、それらをすべて「合意の違反」だと決めつけている。

## 韓国大法院の判決は正当である

　強制動員に関する韓国大法院の判決は、大韓民国憲法の精神と、1965年の韓日基本条約および請求権協定に対する大韓民国政府の公式解釈に従ったものである。すなわち、韓国の憲法の前文は、大韓民国が「3・1運動によって建立された大韓民国臨時政府の法統」に立脚していると明言している。したがって、韓国大法院が、1910年の「韓国併合条約」に依拠した日本の植民地支配を不法と判決したのは、当然のことである。韓国政府は、「韓国併合条約」が1910年に「すでに」無効であったという事実を、1965年当時の韓日基本条約で「すでに」公式の解釈として位置づけている。

　韓国併合条約が当初から無効であったという解釈は、韓日会談当時起こった、協定の屈辱性に対する巨大な全国民的抵抗の成果であった[1]。

　このような歴史学界の成果に基づき、2010年5月、「韓日両国知識人共同声明書」は、「併合の歴史について今日明らかにされた事実と歪みなき認識に立って振り返れば、もはや日本側の解釈を維持することはできない」と確認しており、「併合条約は元来不義不当なものであったという意味において、当初から『null and void』であるとする韓国側の解釈が共通に受け入れられるべきである」と宣言した。このような認識を受け入れ、2010年8月10日、閣議決定を経て発表された菅直人首相の「韓日併合100年首相談話」は、植民地支配が「政治的・軍事的背景の下、韓国の人々の意に反して行われた」と、植民地支配の強制性を認めるに至った。

　一方、請求権協定は、韓日間の財産および請求権について政治的妥結をなしたものに過ぎず、不法な植民地支配に対する賠償は含まれていないというのが、私たちの一貫した立場であった。以降も、このような原則的な立場が変わったことはなかった。したがって、昨年の大法院判決は、韓国憲法の基本精神はもちろんのこと、韓日間の条約および協定に対する公式解釈に基づいたものであり、いかなる点でも国際法違反とは言えない。更に、韓国人被爆者問題、サハリン同胞の帰国問題、そして日本軍「慰安婦」問題など、請求権協定に含まれていなかった問題について、日本が政府予算措置をもって被害者に対する支援を実施したという事実自体が、請求権協定ですべての問題が解決されたのではないという事実を日本自ら認めたことを示している。

**植民地支配責任についての国際社会の認識も進歩している**

2001年の「ダーバン宣言」で、国際社会は、植民地主義が残した人種差別など過去の被害はもちろん、現在までも継続される被害は、時間を遡及して非難される事柄として、再発の防止がなされなければならないことであると確認した。しかし、私たちが日本の植民地から解放された1945年の時点では、植民地支配に対する国際社会の認識はまだ浅はかな状態であった。第2次世界大戦の敗戦国イタリアの場合、連合国との平和条約において植民地への賠償問題は見過ごされ、そのあり方が日本と連合国の間に締結されたサンフランシスコ平和条約にも貫かれ、日本に対しても植民地の賠償については言及のないまま処理されてしまった。このことが1965年の韓日基本条約の背景となっていたのである。しかし、当のイタリアは、2008年にリビアとの間で、友好、パートナーシップおよび協力に関する条約を締結する中で、植民地支配に対する謝罪と反省を表明し、そのような過去を終結させるため、50億ドルにのぼる投資を約束することで賠償を実施するに至った。(2) その他の多くの要求に直面することになり、欧州議会は2019年3月26日、決議を通じて、欧州の植民地主義によってアフリカで引き起こされた、過去から今でも継続されている不正義と人道に対する犯罪の歴史を、欧州連合の機構や会員国が公式に認め記念するよう促した経緯がある。このように、国際社会における植民地支配責任に対する認識は、大きな進展を遂げている。昨年の韓国大法院の判決は、このような国際社会の植民地支配責任に対する認識の発展とも、軌を一にするものである。

安倍政権は「国際法違反」という非難を中断するべきであるにもかかわらず、安倍政権は韓国の大法院の判決に対し、一方的に「国際法違反」と非難し、韓国政府に「是正」を求めている。日本政府が提起している問題はただ一つ、大法院の判決が請求権協定2条に違反しているということである。

日本は昨年10月30日、大法院の判決が出るやいなや、直ちに外務大臣談話を発表し、韓国が大法院判決によって国際法違反の状態にあると決めつけた。談話は、請求権協定により、日本が韓国に対し、無償で3億ドル、有償2億ドルなど、計5億ドルの資金協力を約束した（1条）と同時に、請求権に関する問題が完全かつ最終的に解決され、いかなる主張もできない（2条）ことになっているにもかかわらず韓国大法院が損害賠償の支払いを命じたのは請求権協定2条に違反するものであり、したがって、韓国政府が国際法違反の状態を「是正」するべく、適切な措置を講じるよう要求した。

しかし、日本のこのような主張は論理的矛盾を抱えている。まず、韓国の大法院の判決は、強制動員に対する損害賠償の支払いを命じているため、賠償請求権は請求権協定の対象にはなり得ない。請求権協定は、財産上・民事上の権利義務関係を政治的に解決したものに過ぎず、したがって不法な植民地支配の下で被った基本的人権の侵害に対する賠償問題は、協定と無関係だと見るべきである。しかも、談話で日本自らも指摘しているように、日本が韓国に約束したことは資金協力であるうえ、その法的性格はまったく言及されていない。また、資金協力を約束したという事実と請求権問題が解決されたという事実の関係も曖昧である。このことは、韓国の大法院がその問題点をすでに指摘しているところでもある(3)。

## 韓日「1965年体制」の克服が課題である

問題は韓日間の「1965年体制」である。「1965年体制」とは、韓日基本条約と請求権協定に対する両国の解釈のくい違いのため、法的基礎が不安定な状態で展開されてきた韓日関係の現実を指す。2018年の大法院判決は、「1965年体制」の不安定性を浮き彫りにしたものであり、今やこの不安定性を根本的に取り除かなければならない状態にあるということを確認させた。しかしながら、「1965年体制」の持つ不安定性を取り除くということが、韓日基本条約や請求権協定を否定し、新たな条約や協定に取り替えるべきだということを意味するものではない。

1965年体制が限界をはらんでいたことは明らかであるが、これを基に発展してきた歴史があるのも事実であり、1965年体制の限界を克服するために努力してきた歴史があるということも事実である。その量的成長は眼を見張るようなものであった(4)。

質的成長も注目に値する段階に達している。2002年の日韓共同ワールドカップが成功裏に開催されたことで、そのことを確認することができた。さらに、2011年には、3・11東日本大震災直後に韓国国民が日本国民に声援を送っており、解放70周年の2015年には、韓国の各界長老たちが日本の平和憲法9条を2015年度ノーベル平和賞に推薦する署名運動に取り組むなど、韓国市民社会が日本の市民社会に送る信頼と尊重が確認されるに至った。

## 2010年の菅直人首相談話が到達点であり、新たな出発点である

これらのことは、2010年の菅直人首相談話で確認されたような日本の歴史認識の進展に負うところが大きかった。日本における歴史認識の進展は、民主化の過程で成長した韓国の市民社会が日本軍「慰安婦」問題を提起し始めたことに刺激された面もあり得よう。韓国市民社会の力量が韓国政府を突き動かし、韓国政府の問題提起に日本の市民社会や政府が応じながら、漸進的に歴史認識が進歩したのである。1993年の河野談話、1995年の村山談話、1998年、金大中‐小渕恵三共同宣言が、そのような成果であった。その基礎の上に、2010年の菅直人談話が発表されている。今では、菅直人談話の歴史認識を韓日が共有することが残されている(5)。

私たちは、韓国・中国・日本が、東アジアの平和体制へと進むために、新しい令和の時代が開かれ、日本安倍政権の朝鮮半島政策が転換されることを期待する。日本において、安倍政権の政策に異議を唱え、韓国との対話に乗り出すよう求める声明が発せられたことは、日本社会の良識と健康性を示したものと言えよう。

署名賛同者105人

## 注釈

(1) 1904年2月の日露戦争開始以後、領土使用権、外交保護権、内政干渉権などを次々と要求した協定または条約が、国家元首(皇帝)の批准書を備えていた場合は一件もなかったばかりでなく、1905年の「保護条約」の韓国語本は日本公使館

が任意で作成したため、効力を持ち得ないものであった。1910年8月に強いられた「韓国併合条約」は、韓日両国語本が材質から書体に至るまで同一であったことが確認されており、韓国語の文章もまた、統監府の官吏によって作成されたことが確認されている。1919年4月に樹立された大韓民国臨時政府は、米国をはじめ西欧列強を相手に請願外交を展開して、韓国併合が無効であると力説した。このような努力は国際連盟から注目される事案となり、1935年に完成した「条約法に関する報告」では、1905年の「保護条約」が、効力を発し得ない不法条約であると判定された。この報告書は、1963年、国際連合の国際法委員会でも再度確認されていることからも、1965年に締結された日韓基本条約での韓国側の主張は、「すでに」その時点で、国際的な支持の根拠を持っていたのである。

（2）その他、英国のケニアに対する植民地支配、オランダによるインドネシア植民地支配、ドイツによるナミビア植民地支配、フランスによるアルジェリア植民支配の下で犯された、様々な反人道的犯罪に対する謝罪と賠償のための努力が傾けられており、スペインの征服に対するメキシコからの謝罪要求、カリブ海諸国の旧宗主国に対する謝罪と賠償要求などが続いている。

（3）日本が、韓国大法院が命じた賠償請求が請求権協定2条違反だと主張するのであれば、賠償問題が2条で解決されたと規定した問題に含まれるのかを明らかにしなければならない。もし請求権協定を通じて賠償問題を解決したのであるならば、賠償の前提となる植民地支配の不法性を認めたのかどうかを確認しなければならないだろう。

（4）1965年の国交正常化以来、半世紀を経る間に韓国の対日輸出は4500万ドルから397億ドルへと880倍、対日輸入は1億7000万ドルから683億ドルへと400倍、日本の対韓直接投資は50万ドルから45億4000万ドルへと980倍に増えた。人的交流も目を見張る成長を遂げ、昨年、訪日韓国人は754万人、訪韓日本人は295万人となり、1000万人時代を迎えた。これは年間一万人であった1965年の国交正常化当時の民間交流水準の1000倍規模である。

（5）しかしながら、その過程は容易ではないものと予想される。14年にわたる韓日協定の交渉にもかかわらず、1965年の条約や協定でも植民地支配の不法性を最終的に確認することはできなかったのであり、以降50年余りの歴史が蓄積される過程でも、その確認までには到達できなかった。韓国大法院の判決後も、懸案を妥結するべく韓日間の様々なチャンネルを通じた意見交換があった。ただ、大法院判決について、これを「是正」せよという日本政府の要請は、三権分立の原則を厳重に受け止める韓国政府としては受け入れられないものである。先の6月19日、韓国企業と日本企業が財源を用意し、強制動員被害者を救済する方策を提示して問題解決の糸口をつかむための努力を続けたにもかかわらず、安倍政権は輸出規制の強化という一方的な措置を取ることで、1998年の韓日共同宣言に立脚して発展させてきた未来志向の韓日関係を最悪の状態へと悪化させた。

# あとがき

新型コロナウィルスの急激な蔓延を前に、東京五輪・パラリンピックの1年程度の延期が発表された後、東京都の小池百合子知事が3月22日に異例のロックダウン（都市封鎖）の可能性に言及し、25日には「感染爆発の重大局面だ」として、都民に外出自粛などを要請した。安倍首相は26日、感染者の爆発的な増加など不測の事態に備えるためとして、先に成立した新型コロナ特別措置法に基づく「政府対策本部」を設置し、4月7日には「緊急事態宣言」が発令された。この問題では対策が後手後手に回り、思いつきの対応に走ってきた安倍政権の責任は大きい。こうした政権によって緊急事態宣言が行われるのは極めて危険だ。

反戦・平和、改憲反対などの課題に取り組んできた市民運動はいま、かつてない危機にさらされている。政府や東京都などによって、基本的人権を侵しかねない運動自粛のさまざまな同調圧力が加えられ、運動側にもこれに対抗する有効な手だてがない。しかし直面する危機は何よりも安倍政権の危機であることは疑いない。全国の市民たちは新型ウィルスの危険を回避するための努力に智恵を絞りながら、この市民運動つぶしの不当な同調圧力に抗して、工夫して活動を展開している。

一方、安倍自民党はこのもとでも党大会に代わる両院議員総会を開催して改憲への意志を鮮明にした。自民党河合杏里議員の公職選挙法違反事件、森友問題の公文書改ざんにかかわり自死した財務省職員の遺書による告発に対しても居直り、許し難い所行を繰り返している。

私たちは、今年中にも予想される衆議院解散・総選挙で市民と野党の共闘を再構築しなければならない。最小限でも、改憲派に3分の2以上の議席を許さず、改憲を阻止しなくてはならない。

市民運動はこの間、数々の予想外の自然災害に襲われる中でも、危機を乗り切り、前進してきた。その力で韓国をはじめ東北アジアの市民と連帯し、この地域に住むすべての人々の平和と共生の実現に貢献したい。

本書の出版を快く了解してくれた『週刊金曜日』と、同誌連載にあたって毎回編集作業をしていただいた編集部の山村清二さんに感謝いたします。また古山一彦さんの御好意により、表紙カバーをはじめ各所にユーモラスな【主張するネコたちのこと】のイラストを使用させていただきましたことを感謝申し上げます。そして今回も出版の労をとっていただいた梨の木舎の羽田ゆみ子さんにお礼を申し上げます。

２０２０年4月8日

高田　健

著者　**高田　健**（たかだ　けん）

1944年12月　福島県郡山市生まれ
1965年　早稲田大学文学部中退
1999年12月　許すな！憲法改悪・市民連絡会結成
2004年６月　九条の会結成を準備　同事務局員に就任（現在事務局長）
2007年４月　衆議院憲法調査特別委員会中央公聴会の公述人で論述
2014年２月　戦争をさせない1000人委員会結成に際し事務局次長
2014年３月　憲法９条を壊すな！実行委員会結成に参加
2014年12月　戦争させない・９条壊すな！総がかり行動実行委員会結成に参加
2015年12月　韓国の第３回李泳禧賞受賞
2015年12月　安保法制廃止と立憲政治回復のための市民連合（略称：市民連合）結成よびかけに参加。運営委員
2016年９月　戦争させない・９条壊すな！ 総がかり行動実行委員会共同代表に就任
2017年８月　安倍９条改憲 NO! 全国市民アクション運営委員
連絡先　101-0061 東京都千代田区神田三崎町3-3-3-402
Tel 03-3221-4668　Fax 03-3221-2558　mail kenpo@galaxy.ocn.ne.jp
○著書　『改憲・護憲　何が問題か～徹底検証・憲法調査会』（技術と人間　2002年12月）、『護憲は改憲に勝つ～憲法改悪国民投票にいかに立ち向かうか』（同　2004年10月）、『９条が、この国を守ってきた。』（梨の木舎　2006年９月）、『自衛隊ではなく、９条を世界へ』（同　2008年10月）、『2015年安保　総がかり行動』（同　2017年３月）
○共著　『中高生からの平和憲法 Q&A』（晶文社　2011年８月）など

**教科書に書かれなかった戦争 PART 71**
**対決！　安倍改憲**
――東北アジアの平和・共生と新型コロナ緊急事態宣言

---

2020年6月1日　初版発行
著　者……………………高田　健
イラスト（本文・カバー共）
……………………古山一彦　Facebook【主張するネコたちのこと】より
装　丁……………………宮部浩司
発行者……………………羽田ゆみ子
発行所……………………梨の木舎
〒101-0061
東京都千代田区神田三崎町 2-2-12 エコービル１階
TEL:03-6256-9517　FAX:03-6256-9518
Eメール：info@nashinoki-sha.com
http://www.nashinoki-sha.com/
DTP ……………………株式会社堀江制作
印刷所……………………株式会社厚徳社

## 教科書に書かれなかった戦争

### (66) 歴史を学び、今を考える——戦争そして戦後

内海愛子・加藤陽子 著

A5判／160頁／定価1500円＋税

◉目次　1部　歴史を学び、今を考える／それでも日本人は「戦争」を選ぶのか? 加藤陽子／日本の戦後―少数者の視点から　内海愛子／ 2部　質問にこたえて／●「国家は想像を越える形で国民に迫ってくる場合があります」加藤陽子／「戦争も歴史も身近な出来事から考えていくことで社会の仕組みが見えてきます」内海愛子●大きな揺れの時代に、いま私たちは生きている。いったいどこに向かって進んでいるのか。被害と加害、協力と抵抗の歴史を振り返りながら、キーパーソンのお二人が語る。●時代を読みとるための巻末資料を豊富につけた。特に「賠償一覧年表　戸籍・国籍の歴史……人民の国民化」は実にユニークです。

978-4-8166-1703-4

---

### (69) 画家たちの戦争責任
#### ——藤田嗣治の「アッツ島玉砕」をとおして考える

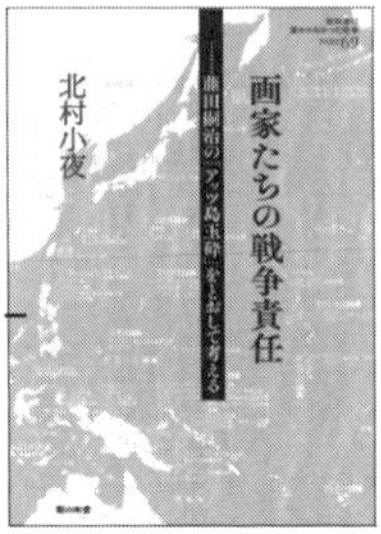


北村小夜 著

A5判／140頁／定価1700円＋税

作戦記録画は、軍が画家に依頼して描かせた。画材も配給された。引き受けない画家もいた。1943年のアッツ島玉砕の後、藤田の「アッツ島玉砕」は、国民総力決戦美術展に出品され全国を巡回した。東京の入場者は15万人、著者もその一人で、絵の前で仇討ちを誓ったのだった。

◉目次　1 戦争画のゆくえ　2 そのころの子どもは、親より教師より熱心に戦争をした　3 戦争画を一挙公開し、議論をすすめよう！

978-4-8166-1903-8

---

### (70) 新装増補版 慈愛による差別——象徴天皇制・教育勅語・パラリンピック

著者：北村小夜　　四六判／260頁／定価2200円＋税

著者北村小夜さんは、現在94歳、1925年治安維持法の年に生まれた。「天皇のために死んで靖国に祀られる」ため看護婦の道を選び、敗戦は満州で迎えた。めぐり合わせで八路軍と行動を共にした。帰国後20年間は特殊学級の担任をし、さまざまな体験の中で、今、思うことは。

◉目次　第1章 教科書にみる天皇・障害者／第2章 分に応じる障害者・分を越える障害者／第3章 障害者を排除し続ける学校／第4章「健康」もスポーツも人間のものでなくなった／第5章「巡行」にあやかる人・犠牲になる人／増補1 天皇制と道徳の教科化／増補2 パラリンピックは障害者差別を助長する／増補3 教育勅語から脱却できない日本人

978- 4 -8166-2003-4

---

### 韓国現代史の深層——「反日種族主義」という虚構を衝く

金東椿・著　佐相洋子・訳　李泳采・解説／監訳

A5判並製／350頁／2800円+税

◉気鋭の韓国の社会学者による、日本における『反日種族主義』批判の書

◉韓国現代史の連続性と断絶性、その原因と背景を緻密に分析して明らかにした本が今までにあっただろうか？（李泳采・解説）

◉目次　1章 民衆は国を失い、国は主人を失って—植民地と分断／2章「自由世界」の最前線—国家宗教になった反共・親米／3章 闘いながら働いて、働きながら闘え—近代化の影／◉日本語版への補論—日本における『反日種族主義』旋風を批判する。／1.かれらは公に「親日派」を宣言した／2.種族主義とは何か 3.「植民地征服」は「恩寵」である、について／4.重要な事実の隠蔽5.朝鮮戦争の火種／◉解説 李泳采

978-4-8166-2002-7

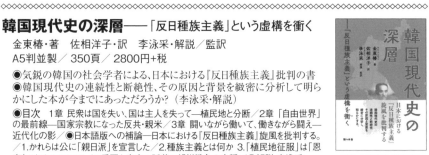